善用溝通標靶，練就批判思考 → 讓對方服氣又不傷和氣

L'art d'exprimer son désaccord sans se fâcher

優雅反駁的技術

目次

前言

在我書寫這些文字的當下，有八十億個人類一起住在這個地球上，很多人在這浩瀚的宇宙中，試圖找出事物的真正本質和真相，或者是單純地想要追尋自己的目標。

想要成功地碰觸並看到世界的真相，可不是什麼簡單的差事，日復一日，鎩羽而歸的大有人在，有些人甚至不自覺地誤入死胡同、然候又回到原點，去相信那些最荒謬、錯得最離譜的東西，甚至花上好多年才意識到自己的錯誤；更慘的，則是終其一生都對這些東西深信不疑、從未有過任何質疑。

請不要過度自信，認為自己絕對不會如此，也不要以為這種狀況絕對不會發生在自己身上。就在你大聲且堅定地否認自己會採信一些謬論的同時，很有可能已經上過一些當、或陷入一些無意義且跟事實相悖的信念裡了。現在，你有機會可以擺脫這種狀態，並且學會如何在未來少犯一點錯。

那麼，要如何著手呢？我的第一個建議是，我們要避免對於自己的感受和個人經驗抱有過度的自信。單單這兩樣東西，在達成目標的路上就不是值得信賴的指南針。事實上，說得誇張一點，它們正是使你誤入歧途的罪魁禍首。請看看下頁的簡單例子，在這個黑白相間的方格圖中，每一條線都是完美的直線，但在視覺上卻會產生扭曲的錯覺。如果你一向都是跟著感覺走，你對這個例子的判斷就會：踢到鐵板。但如果養成習慣，把自己的感受跟可靠的工具兩相結合，證明自己做出來的結論是謹慎且縝密的——尤其是當你的感受跟工具所顯示的結果有所不同——那麼，你已經

走在前往成功的路上了。

對於自己的感受和個人經驗抱有過度的自信，並不是會使你犯錯的唯一陷阱。我的第二個建議是：我們要意識到自己需要別人。不要認為自己在沒有任何外在的協助下，可以憑一己之力去除自身的盲點。

想想我們居住的星球有多遼闊，大部分人能夠親眼見識的，不過就幾座城市、幾種風景罷了，而這些都不過是地球上微不足道的一小部分；而地球所處的無垠宇宙，更是超乎我們的理解範圍。

正如同我們需要搭公車、搭火車、搭飛機，才能前往雙腳無法抵達的遙遠目的地，我們也要依靠別人的幫助，讓自己的思考更深入，更快到達自己的大腦無法登上的境界。

那麼，要如何善用別人的智慧來精進自己，同時也讓對方從自己身上受益呢？沒有什麼方法比參加一場有效會議、一場意見交流來得更有收穫了。這看起來好像也不難，不過就是自己開口表達，同時也聽聽別人的說法，對吧？

最理想的劇本是，我們可以在討論中藉由別人的發言汲取自己沒有的觀點，同時也讓對方有機會這麼做，並且指出自己的不足之處。遺憾的是，真實情況很少會如此美妙。討論，最後常常變成一來一往的攻防戰，甚至語帶嘲諷，立場不同的雙方勢如水火。

「你這個蠢蛋，閉嘴！」

今日，人跟人之間的討論品質堪用一場災難來形容。儘管比起最糟的狀況還有一段距離，但是拿很多政治人物來說，每逢選舉時節，就算當著幾百萬觀眾的面，他們還是不免犯下應該避免的錯誤。論點站不住腳，討論失焦，混搭著許多不實的言論和可疑的猜測。選舉結束，社會只會變得更加分裂。不僅如此，在家裡的餐桌上、跟同事的會議上，甚至朋友間的聚會、情侶間的約會，相同的狀況也屢見不鮮。

我們一向如此不善於交流意見嗎？這或許已是個年代久遠的問題，但我們如今透過網路而連結在一起，這絕對是人類史上的第一次。這種科技進展讓我們可以接觸到別人腦袋裡的想法，數量大到驚人，同時也迫使我們必須學習表達不同意見的技巧，而且這件事具有空前的重要性。與其讓網路變成一個相距千里之遙也能互相廝殺的戰場，不如讓它變成一個更有意義的地方。

我曾經在無意間把好幾場意見交流變成災難，於是開始研究並發展出一項珍貴的工具，我把它謹記在心，而它也改變了我的生活、給了我豐厚的回報：這項工具就是「格雷厄姆之靶」，起源於保羅．格雷厄姆（Paul Graham）這名科學家的啟發。二〇一九年五月，我有幸發表這項工具。首先是在亞維儂一個叫作「品脫科學」[1]的活動上（謝了，塞巴斯欽），接著是在布魯塞爾的市中心，感謝布魯塞爾「酒館裡的懷疑論者」[2]活動的主辦人傑黑米．侯耶。

「格雷厄姆之靶」對我的影響甚大，我在自己的YouTube頻道「懷疑論者來聊聊」（Chat Sceptique）上發布了一支二十分鐘的影片，並寫下這一本書，讓想要改善溝通技巧的人都能受益，不分哪個年齡層的族群，因為學習更好的交流意見方式或進行獨立思考永遠不嫌遲。

我會在本書的第一部分詳細介紹「格雷厄姆之靶」，但要改善溝通的品質，光是這樣並不足夠。「格雷厄姆之靶」是一個實用的分類系統，清楚歸納和介紹各種反駁意見，幫助我們用最有效的方式表達自己的論點。但如果我們自認一個論點無懈可擊，事實上卻不然的話，這項工具也無從讓你意識到自己的錯誤。

在這邊舉個例：當我們強調某件事具有「異國風情」，想藉由「舶來品」、「原始」等特色來合理化自己的做法，可能因此產出如下的論點：「我每星期會用馬尿來灌溉一次果園和菜園，這是源自南美洲紅腳[3]部落的

1. 譯者註：一個科學節的活動，藉由讓科學家以及相關研究與從業人員來到酒吧，達到讓普羅大眾認識最新科學動向的目標。
2. 譯者註：一個讓懷疑論者、思想家以及理性主義者等可以輕鬆交流的社交活動，在世界許多地方皆有舉辦。
3. 譯者註：原為法國稱呼阿爾及利亞獨立後的極左翼分子。

技法！」此處的盲點在於，強調這種做法來自異國，非但無法保證這麼做並不荒謬，更遑論確保它的效用了。

同樣地，如果在一場討論中，參與者對於相關主題缺乏足夠認識，那麼「格雷厄姆之靶」也無用武之地，就像古代人未具備基礎的物理和數學知識，卻硬要討論地球是圓的或扁的。即便討論結束，大伙兒開開心心地達成共識，也不能保證這個結論的正確性。

這本書的重點不在於幫讀者重新複習物理等不同領域的知識，而是在第二部分列舉一般人常犯的經典錯誤，尤其是那些看似極具說服力、實際上卻漏洞百出的論點，期望透過這些提醒，能讓願意撥空幾小時給我的讀者，擁有更加透徹的觀點與更加堅實的論點。

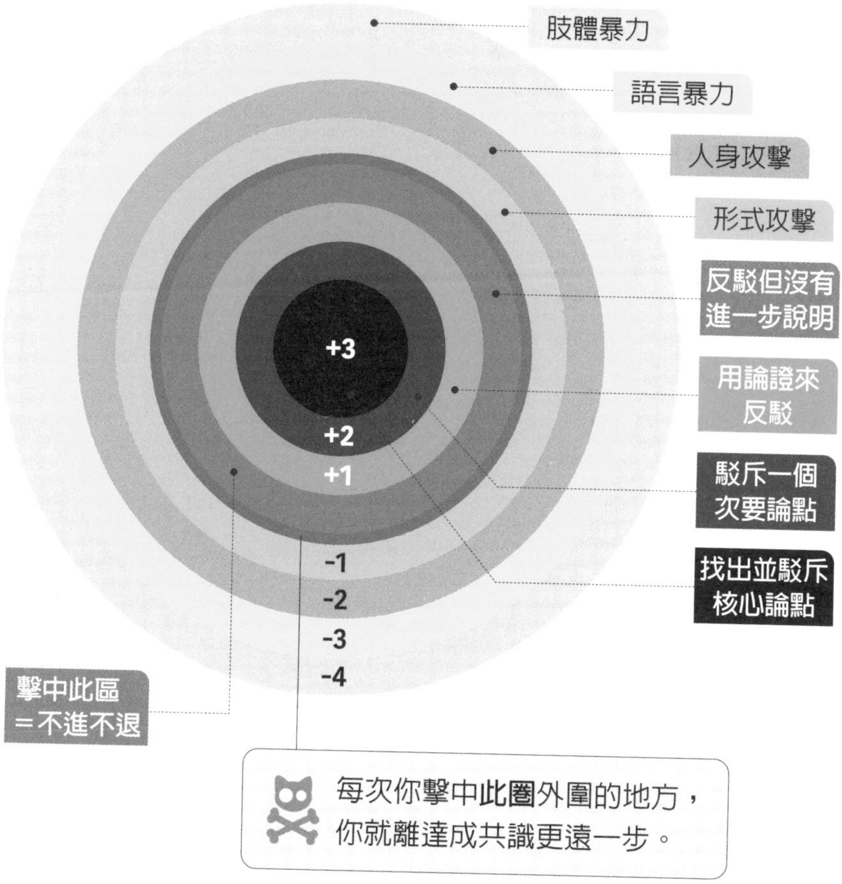
肢體暴力
語言暴力
人身攻擊
形式攻擊
反駁但沒有進一步說明
用論證來反駁
駁斥一個次要論點
找出並駁斥核心論點
+3
+2
+1
-1
-2
-3
-4
擊中此區=不進不退
每次你擊中此圈外圍的地方，你就離達成共識更遠一步。

第一部

格雷厄姆之靶

「最外圈」

肢體暴力

當你身處在激烈的唇槍舌戰之中，是否會出現想要把談話對象暴打一頓的念頭？這不表示你就是個壞人，你也絕對不是唯一一個。很多人都有這種傾向，但這卻不是令人樂見的一種做法。有很多的東西，像是癌症或地震也都是自然發生的現象，但我們卻仍窮盡一切，想要找出方法來根除這些問題，或是對抗其產生的負面影響。

身為一個具有批判思考的人，我們很容易發現，用暴力來回應抱持不同信念的人，對於事情本身毫無助益。當我在討論中面對一個採取攻勢的對象，通常會先預設**「他也許不是為了反對而反對」**的前提，或許他有很好的理由，靜下心聽完他的論點對自己不會有損失。這不是謙卑與否的問題，而是讓我達到目標的一種方法。

就算跟你談話的對象語帶輕蔑，使用肢體暴力只會雪上加霜，甚至兩敗俱傷。「格雷厄姆之靶」列舉了不同效用等級的方法，讓我們去表達自己的反對意見，其中肢體暴力顯然是最不可取的方法。如果你落在這一圈，很快就會被對方列為拒絕往來戶，也會發現自己與目標漸行漸遠。

拉伊夫．巴達維的案例

拉伊夫．巴達維（Raif Badawi）是一位沙烏地阿拉伯的部落客，他在自己的國家內積極倡導道德解放。他在網路上的言論——舉例來說，他支持基督徒和穆斯林之間的平等——有很多都讓沙烏地阿拉伯當局很不高興，政府也拒絕進行有建設性的溝通，而是採取打壓方法。當局也用污辱伊斯蘭教以及叛教[1]為由，逮捕了拉伊夫．巴達維。叛教是一級指控，在沙烏地阿拉伯會直接被判處死刑。二〇一四年，經過了多次的往返，他最終

1. 作者註：叛教（L'apostasie）意即公開表示要拋棄一種信仰、教條或是宗教。

被判處有期徒刑十年、鞭刑一千下，分成二十次行刑。同年，他的律師瓦利德・阿布海爾被判處了有期徒刑十五年以及禁止出境三十年。[2]

拉伊夫・巴達維被逮捕的事件，在國際上引起一片譁然，以至於沙烏地阿拉伯自二〇一二年開始，就收到國際特赦組織這樣的回應：「拉伊夫・巴達維之所以被監禁，僅僅是因為逾越了言論表達自由的限制；這名激進分子在網路上引發了辯論，就招來死刑之禍，即便是在沙烏地阿拉伯這樣一個高壓政治的國家，也屬過分量刑。」

二〇一五年一月九日，是拉伊夫・巴達維第一次鞭刑的執行日，地點是在吉達，現場有好幾百位的觀眾在場觀刑，他的健康狀況明顯惡化。他的妻子恩薩夫・海達爾則被迫逃往加拿大。二〇一五年一月二十二日，要求釋放拉伊夫的請願達到了將近一百萬份連署；美國、歐洲，還有其他很多國家都對這位部落客及其家人表達了支持。二〇一六年有一位荷蘭的懷疑論者阿倫．魯巴赫，或許是為了要間接表達對拉伊夫的支持，他把沙烏地阿拉伯拿來跟恐怖組織伊斯蘭國做比較，指出這兩者之間存在下列幾個共通點：

- 褻瀆宗教會招致死刑
- 同性戀會招致死刑
- 通姦會招致死刑，且是處以石刑
- 與兒童通婚是合法的
- 在商場偷竊，會受到剁手的刑罰

2. 作者註：根據官方說法，瓦利德．阿布海爾並非是因為替巴達維辯護而被判刑，而是因為非法成立捍衛人權相關組織，「侵蝕了社會體系及其代理人們」。

- 領導人非透過民主程序選舉誕生（但沙烏地阿拉伯自二〇〇五年開始，即存有市以上等級的選舉）

你知道嗎？

一九四八年世界人權宣言通過時，沙烏地阿拉伯是八個未簽署的國家之一，而今日這個國家在這方面的紀錄依然名列最惡名昭彰的幾個國家之一。言論以及結社並未受到保障，宗教信仰的自由則是微乎其微。女性、兒童以及外國人的權利受到嚴格的限制。根據該國法律，女性必須受男性的監護，直到二〇一八年二月為止，未經監護人的同意，女性不得成立自己的公司；並且直到二〇一九年為止，未經監護人的同意，女性不得出國。

要反駁對方的意見，方法有很多。而拉伊夫．巴達維的案例則是「肢體暴力」的極端例子，辯方（指沙烏地阿拉伯政府當局）射在離靶心最遠的那一圈。因為某人反對我們的信念、行事風格或生活方式，就以危害對方的身體自主性為攻擊手段，這種做法雖然很有吸引力——尤其是當我們的論點站不住腳，或覺得對方勝之不武卻又無法證明他有錯——但結果無疑是兩敗俱傷。

在這個階段，**你可以有情緒，但這只是在白費力氣**。從小時候，我們就已從父母、祖父母或老師身上徹底學會了一件事：他們應該透過溝通來解決問題。如果是想要把雙方的芥蒂埋得更深，那就不需要這本書了。

好的，我覺得接下來可以去看看更困難的一個面向了：讓我們來談談歷史否定主義論者。

肢體暴力的另一種選擇

根據知名的線上百科全書記載：「歷史否定主義指的是，出於種族歧視或是政治上的目的，而否認歷史事實，儘管已經存在歷史學家所提出不容質疑的證據。」[3]

歷史否定主義有一些比較常見的例子，其中否定納粹德國及其從屬國對於猶太人的大屠殺，是受到西方國家全面抵制的。針對這種行為的罰則有很多，每個地方不盡相同，從社區服務到牢獄之災都有。對西方人來說，對歷史否定主義者訂定罰則是很稀鬆平常的，定罪也相當普遍。沒有人，或者說幾乎沒有人會因為歷史否定主義者被定罪而走上街頭。那麼，問題就產生了：這跟沙烏地阿拉伯當局處理拉伊夫．巴達維的態度，有什麼不一樣？

有些人是這樣回答的：「不同之處在於，我們非常確定納粹德國對猶太人的大屠殺是真實事件，有大把大把的歷史證據和見證，質疑這段歷史的人顯然是扭曲事實，他們是罪有應得。」

但我們可以反駁說，沙烏地阿拉伯當局很可能也同樣確信：拉伊夫．巴達維扭曲了事實。在此處，沙烏地阿拉伯當局提出什麼樣的論證並不重要；重點是他們在將拉伊夫．巴達維定罪的時候，心理狀態很可能跟我們是一樣的。

我不是在替歷史否定主義者辯護，更不是反對普遍的執法行為。我本身並不是歷史否定主義者，這裡探討的是我們處理歷史否定主義者的態度。在我看來，面對這樣的人，與其用法律制裁，反駁他們的論點是更有意義的做法，並且要讓他們對自己的錯誤做出說明，他們是如何玩弄、否定了

3. 作者註：從維基百科所節錄的定義經常是清晰得出衆，我們要好好利用！別忘了要引用資料來源。（文章條目〈歷史否定主義〉，訪問日期：二〇二〇年七月一日。）

部分的事實，重要的是，指出他們可能影響了一大票容易輕信他人的人；而且，會這樣做的人通常帶有一種目的，就是想要躋身極端主義階級的頂端，把錢放進自己的口袋裡，至於真相為何，他們則是興趣缺缺。

當然，即便我們解釋了他們的論點錯在何處，不免還是會有人堅持自己的信念。無妨：我們只要持續拆穿他們操弄人心的手段，不論多久；只要不實的言論還在流傳，就不放棄。有很多知識分子、哲學家和史學家[4]都是抱持同樣的想法，歷史學家克勞德·利奧祖曾說：「在一場意識的戰鬥中，正面迎戰歷史否定主義者是比較好的做法。」

你知道蓋索法案嗎？

這項法案是由同名眾議員所起草；一九九〇年制定、實施，法案的第九條首度打開對歷史否定主義者進行法律制裁的大門。這是所謂「紀念性」

立法的一個例子，用意是宣告、甚至是強制規定國家對於歷史事件的官方看法。推展到極致的話，這樣的法律可以禁止民眾表達不同的觀點，這一點疑慮在表決時並沒有被遺漏，也如實地被揭露出來；導致在法案最終通過前，分別在一九九〇年六月十一、二十九和三十日遭到參議院否決。在反對這個法案的政治人物當中，有兩位特別值得一提：法蘭索瓦・費雍以及賈克・席哈克。[5]對那個時代來說並不意外的是，國民聯盟[6]也是眾多的歷史否定主義者之一，他們跟許多時事評論家一樣，都反對這個法案。狄奧多尼用自己慣常的風格[7]將此法案描述成「猶太教社會主義式共產主

4. 作者註：雖然，許多人都抱持同樣看法並不代表它就是個正確方法（詳見第二部〈人氣就是真理〉章節），但我覺得強調這個立場受到廣泛支持很重要。
5. 譯者註：費雍曾任法國總理，席哈克曾任法國總統。
6. 譯者註：法國極右翼政黨。

義」。

作為陳述性的法律，這種紀念性法律原則上是沒有問題的：這些法條給予議院一種表達意見的方法。但是當有配套的懲罰措施時，就會造成問題，蓋索法案就是這樣。儘管如此，二〇〇八年十一月，法國眾議員還是做出了決定，不對紀念性法案做出表決，僅用決議的方式在紀念的層面上做出表態，許多把此法案視為侵害他們科學研究自由的歷史學家，也因此鬆一口氣。

而我們跟假新聞的戰鬥，在這件事上具有驚人的相似性。二〇一八年初，法國總統艾曼紐·馬克宏宣布了一項法案，在選舉期間，能訴諸法律途徑刪除網路上的假新聞、讓發表過假新聞的網站下架，並且停掉相關用戶的帳號。這項法案於同年十一月二十二日送交表決，其執行面以及可能的濫用受到質疑，但條文背後的意圖更令人不安：透過法律途徑刪除假新聞，以保護網民不要接觸到不實訊息，但是這種做法並不是在教育網民要有批判精神，反而像是在試圖填滿一個無底洞：不過是徒勞且無止盡地白做工罷了。當一個人肚子餓時，與其給他魚吃，不如教他釣魚。

一九四五年八月八日所簽署之《國際軍事法庭憲章》[8]違反人道罪之定義：

意即殺人、種族滅絕、蓄奴、放逐及在戰前或戰時針對任何族群的所有非人道行為；或是出於政治、種族動機之迫害，無論在該罪行發生之國內，該舉動是否合法皆然。

（以上為稍加簡化的版本）

7. 作者註：尚－克勞德．蓋索是法國共產黨的成員，而狄奧多尼慣於做人身攻擊，他可沒有錯過這場好戲。

8. 作者註：完整的版本可以在網路上找到。

如果社會大眾有所成長，有能力反駁歷史否定主義者的論點，那麼這些否定主義者很快就會被遺忘。如果社會大眾自小就培養出批判能力，假新聞也就不會再有立足之地。最釜底抽薪的解決之道，是我們要提升自己的判斷力，能夠識破人為操作的假新聞。遺憾的是，這不是我們目前選擇的途徑，官方偏好採取打壓的方式，長期來說，這個策略能奏效的機會微乎其微，而且會讓已經奄奄一息的司法系統更加超載。

砸奶昔

跟拉伊夫·巴達維案例或歷史否定主義相比，接下來這個例子沒那麼驚世駭俗，但依然是射中了「格雷厄姆之靶」最外圍的那一圈：砸奶昔。朝著跟我們持不同意見的人砸一杯奶昔，這種做法在二〇一九年歐洲議會大選期間蔚為風潮，首先發生在英國的一位反伊斯蘭激進分子湯米·羅賓遜身上，他在眾多攝影機前被砸了一杯奶昔、接著被丟了第二杯，隔天也沒能倖免。英國的另一位反女性主義人士卡爾．班傑明也是受害者，被砸的次數高達四次。但媒體最大肆報導的還是奈傑．法拉吉的案例，他是支持脫歐的人士，收到反對脫歐人士寄來的砸奶昔警告。幾天之後在肯特郡，法拉吉在支持者的面前發表演說，有一群人意欲嚇唬他，於是人手一杯奶昔前來聆聽演說。接下來，當他抵達愛丁堡，當地警方不得不事先要求麥當勞停售奶昔；但漢堡王卻被指控煽動暴力，因為他們趁機打了一波跟奶昔有關的廣告。

在英國發生的這波行動引起一片譁然，有些人不認為用奶昔砸人是一種暴力行為。但無論是否贊同這些政治人物的觀點，我都無法認同這種行為。如果有哪個政治人物說了一些蠢話，或是提出一些具有危害的想法，我們應該要做的是更正視聽，指出他的說法哪邊有誤、哪邊很荒謬或是具有破壞性；如果他利用自己的魅力提倡一些糟糕的論點，我們就要用好的論點，讓自己變得比他更有說服力，而這顯然比砸奶昔更加困難，但若是想要在意見對立的族群間搭建起一座橋梁，用具有說服力的論點會是比較有效的做法；與此同時，你也要拋出這個問題：**砸奶昔究竟能帶來什麼成效**？反對此政治人物的人會鼓掌叫好、在社群媒體上分享照片和影片，並且廣為傳播這樣的想法：砸奶昔是可接受且應該持續的行為。砸奶昔的人則成了偶像。另一方面，支持這名政治人物的人則是氣憤不已，考慮採取具有相等暴力程度的回應手段：事情於是愈演愈烈。兩方人馬各自往兩極化發展，意見交流變成空前地困難。這不是勝利。唯一的成果就是製造大量的暴力、極端化……還有，應該為此負責的激進分子的人氣，而這種人氣通常都是短暫的。

兩方陣營的激進分子都不乏投機人士，他們的目的就是用最少的努力來換取名聲，就算是跟自己的理念背道而馳也無所謂。當我發現那些砸奶昔的人當中，很多並不在意自己假裝支持的理念究竟是什麼，反倒是相當關注圍繞在自己身邊的媒體時，並不感到意外。霸占一條街、朝建築物丟雞蛋、焚燒物品、攻擊某個人，或是暴露自己的私處，藉由這些方式而登上媒體，可以讓你想推廣的理念名噪一時，讓你在所屬社群中人氣高漲，甚至在當地激進分子的階級排行中往上爬……但實際上，這個理念卻不會有所進展。

比較好的意見交流，則是在持不同意見的人之間搭上橋梁。如果是要在三星跟蘋果之間，決定哪家的新型智慧型手機更有價值；或是兩件藝術作品中哪一件勝出，那麼，有沒有搭上橋梁就不是那麼重要。但當我們在討論像是脫歐、致癌因素、或社會對於移民、同性戀者和女性的態度，搭起橋梁就變得相當重要。經由這些討論所做出的決定，會影響到好幾百萬人的生活，需要審慎對待，而不是一個陣營對著另一個陣營行使肢體暴力。只是不得不承認，某些激進分子的極端行為的確具有成效，例如讓大眾普遍忽視卻值得更多關注的某個問題得以被看見。但在我看來，砸奶昔並未具有這樣的效果。

肢體暴力，是表達反對意見最糟糕的一種方法；但這不代表我們不能進行正當防衛。如果在討論期間，自己的人身安全受到威脅，就必須起身自我保護。

第二圈 語言暴力

語言暴力看似好過肢體暴力，卻同樣不可取。如果發現自己經常使用語言暴力，是時候好好精進意見溝通的技巧了。

出言不遜就輸了

二〇一〇年，在第八屆驚奇大會上——懷疑主義論大會——菲爾．普雷[1]向觀眾提問：「你們哪些人曾經相信某件事，現在卻不信了？」大部分觀眾都舉了手。菲爾繼續說：「那麼有多少人是因為被說愚蠢，才從相信轉而懷疑呢？」觀眾們哄堂大笑。

大部分人都認同：討論時，不該出言不遜、侮辱對方，卻又常常屈服於一時的衝動。儘管知道語言暴力無助於溝通，卻難以抑制其發生。玩笑性質的調侃，或可視為一種幽默，但大多不然。

一旦憑藉語言暴力來表達不同意，就已經輸了。以喬治朗將軍和菲利浦・維倫努瓦為例，後者是法國古蹟修復首席建築師，他試圖重建於二〇一九年四月十五日毀於火災中的巴黎聖母院尖塔。這兩人意見強烈分歧，是年十一月，將軍在攝影機包圍下悻悻地說：「叫他閉嘴。」

這段影片隨後在網路和各大頻道上廣為流傳，表面上，它彰顯的是將軍個人行止的不成熟；實際上，卻是突顯專家權威在法國的式微。當意見分歧，理應由立場不同的兩造試著分析對手的論點，並理性指出對方意見為何不可取，這才是完善的應對方式。

退一步海闊天空

滑社群網站時、在網路上貼出訊息前、或把話說出口之前，都要時時

1. 作者註：他在二〇〇八至〇九年間，擔任知名懷疑主義組織詹姆斯・蘭迪教育基金會（James Randi Educational Foundation, JERF）主席。

11月13日
「叫他閉嘴！」
喬治朗將軍對於古蹟修復首席建築師菲利浦·維倫努瓦期望重現聖母院尖塔的立場，做出直截了當的回應。

將「格雷厄姆之靶」放在心上，以確保傳達的訊息內容不會落在外圍區域。要做到這些需要自律，將「格雷厄姆之靶」影印貼在電腦螢幕旁作為提醒，會有很大的助益。當談話對象讓你厭煩到試圖以帶有侮辱性的訊息回應時，你已經快要落在了靶的外圍區。這種時候，建議先離開現場將思緒抽離，冷靜下來後，就可以用全然不同的心情來回應。

「格雷厄姆之靶」有助於你冷靜看待對方，並保有客觀的思慮，在激辯中能清晰點出討論的目的。比較棘手的狀況是對方雖然提出了一個有理、中肯且有趣的論點，但還是在整段論述中頻頻出言侮辱你。

這種狀況下，應該要有無視那些侮辱的能力，並僅針對論述的部分去做回應。即便對方極具侵略性，也要盡力展現出你比對方成熟的那一面。不要讓尊嚴和驕傲成為你達成目標的絆腳石。待交流結論出爐，再要求對方為那些侮辱的言論負責也不遲，可重新審視整場交流過程，並指出那些侮辱言詞的傷人與無意義之處。

如果對方在交流過程中，除了謾罵跟污辱外，提不出任何有意義的論述，也沒有其他可支持的觀點，那麼是時候暫停這場交流了。反覆遇到肢體上的暴力又無法逃離，就起身反抗；同樣地，遭受語言暴力又缺乏合理論證時，就直接中斷交流。

要如何決定一場討論是否值得花時間持續進行下去，只要按照克里斯多福・米歐爾[2]的流程圖去判斷（見下頁），便不難做出決定。

---

2. 作者註：熱門 YouTube 頻道「心理衛生」（Hygiéne Mentale）的作者，這個頻道致力於強調批判精神。

感謝您針對

這個主題

跟我討論

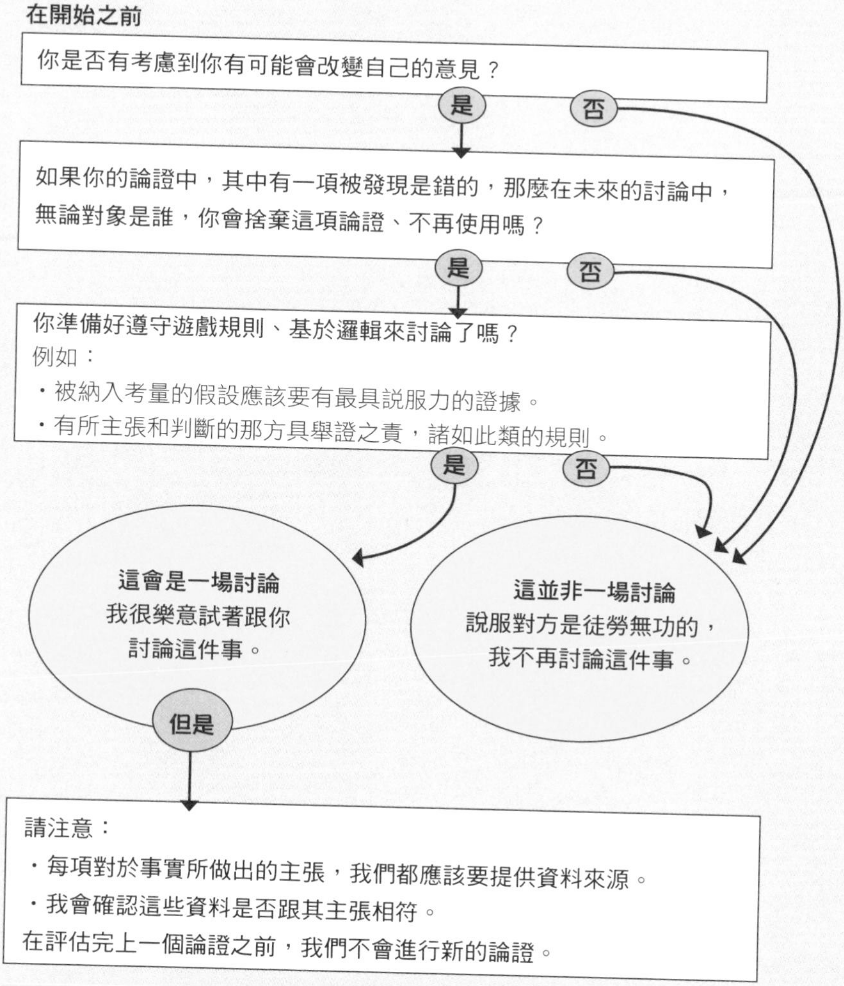
在開始之前
你是否有考慮到你有可能會改變自己的意見？
是
否
如果你的論證中，其中有一項被發現是錯的，那麼在未來的討論中，無論對象是誰，你會捨棄這項論證、不再使用嗎？
是
否
你準備好遵守遊戲規則、基於邏輯來討論了嗎？
例如：
・被納入考量的假設應該要有最具説服力的證據。
・有所主張和判斷的那方具舉證之責，諸如此類的規則。
是
否
這會是一場討論
我很樂意試著跟你
討論這件事。
這並非一場討論
說服對方是徒勞無功的，
我不再討論這件事。
但是
請注意：
・每項對於事實所做出的主張，我們都應該要提供資料來源。
・我會確認這些資料是否跟其主張相符。
在評估完上一個論證之前，我們不會進行新的論證。

一場**討論**，指的是兩個人之間的一場對話，而如果對方的論證是有説服力的，雙方應該都願意改變自己的主張。但是有些人會把**討論**和**說教**混為一談。

如果兩人中，有一方只想要對方聽自己表達觀點，不願聽取並評估對方的論證，那麼討論就沒有任何意義。為了避免浪費時間，上圖讓我們知道針對該主題開啟討論是否值得。

第三卷

人身攻擊，或攻擊對方所屬的族群

人身攻擊跟語言暴力差不了多少，進行人身攻擊或攻擊對方所屬的族群，只是試圖迴避討論內容的鴕鳥心態。

波羅莫，你可以做得更好！

現實社會中，不乏人身攻擊的案例，然而當它出現在小說中、政治辯論中、家庭餐桌上、電玩遊戲和電影裡，大多數人卻不會為此感到震驚。以《魔戒》首部曲為例，在那個架空宇宙裡的中土世界，居住著不同的種族，他們面對著共同的敵人，索倫；他企圖奪取一項強大的武器，也就是至尊魔戒。各種族的代表們，爭論著該拿這項武器怎麼辦。

波羅莫：為什麼不好好利用這枚戒指呢？讓我用它來對抗我們的敵人吧！

神行者：我們控制不住它，沒有人控制得了它！至尊魔戒只聽令於索倫，它只服從這唯一的主人。

波羅莫：你區區一個遊俠又懂些什麼？

勒苟拉斯：這位不僅僅是一名遊俠，他叫亞拉岡，亞拉松之子，你應該要效忠於他。[1]

在這段討論中，波羅莫想要把至尊魔戒據為己有，他透過攻擊神行者的身分以迴避神行者的發言內容，但是勒苟拉斯的發言也並未將討論帶回實質內容上，而是對波羅莫的人身攻擊做出回應；這裡，僅有神行者清楚地表達了實質訊息：唯獨索倫才有辦法讓戒指為己所用。這場對話重心應

1. 作者註：此片段來自於二〇〇一年上映之《魔戒：魔戒現身》的對白，此片由彼得．傑克森所執導。

該放在思考神行者所提出的論點是對是錯，而非人物身分。如果要讓這段討論變得更具建設性，可參考下面這段稍微改寫的對話：

波羅莫：為什麼不好好利用這枚戒指呢？讓我用它來對抗我們的敵人吧！

神行者：我們控制不住它，沒有人控制得了它！至尊魔戒只聽令於索倫，它只服從這唯一的主人。

波羅莫：你區區一個遊俠又懂些什麼？

勒苟拉斯：是遊俠也好，不是也罷，這不是重點。亞拉岡，你剛剛說的事情，你有證據嗎？你是怎麼知道至尊魔戒只聽令於索倫？

但是，這還不是最理想的情況，理想中應該是這樣：波羅莫自己要求神行者拿出證據證明其所言不虛，且不對他做人身攻擊。在下面這個版本的對話中，波羅莫的言詞雖仍舊尖銳，卻是有建設性的：

波羅莫：為什麼不好好利用這枚戒指呢？讓我用它來對抗我們的敵人吧！

神行者：我們控制不住它，沒有人控制得了它！至尊魔戒只聽令於索倫，它只服從這唯一的主人。

波羅莫：何出此言，你有什麼證據？說清楚，你這個遊俠！

狄爾多尼是名諧星，也是法國政治論戰的積極分子，特別是他跟歷史否定論這一派的關係，這群人否認德國納粹對於猶太人所進行的大屠殺的嚴重性。狄爾多尼為了捍衛自己的立場，常常會訴諸人身攻擊，他正是落在「格雷厄姆之靶」這圈的專家。例如他將《蓋索法案》定義為「猶太教社會共產主義」，只是為了避開針對法條內容的實質討論，將大眾的注意力轉移到法案起草者、或其政治信念上。至於他是有意為之，還是真心認為這是推進討論的建設性方法？就不得而知了。當然，還是有漂亮反駁的例子，二〇一九年，巴黎議員候選人賽德里克．維拉尼傳聞是自閉症患者。有位記者與其進行了長時間訪談後，決定單刀直入問個明白：那是謠言與否？他如此回應：「我不曉得，我從來沒接受過診斷，也從來不覺得有這個必要，而且，這有什麼差別嗎？」這回答鏗鏘有力，是啊，有何差別嗎？

網民和酸民

在推特上，有一些使用者的個人簡介會類似：「我不跟異性戀者或男人說話，就這樣，不解釋。」其目的是在譴責某些激進分子的極端主義傾向，並拒絕與之對話。

推特因其大多數使用者言論帶有惡意，名聲向來欠佳，裡頭也聚集了許多酸民。「網民」（troll）這個詞最初是指喜歡在社交媒體上參與討論者，其心態是為了消磨時間，找樂子，不具惡意，與他們談話可以培養耐心和善心。但今天這個詞的含義已有所改變，成了所謂的「酸民」，指稱那些被不良意圖引導，抱有惡意且蓄意製造紛爭、讓討論偏離正軌的人。他們通常態度不友好，並會盡可能掩藏背後動機。

無論這類推特帳號背後的人意圖為何，以對方的性向為由——異性戀、同性戀或其他——逃避正面回應對方提出的內容，這種做法並不可取。此外，針對宗教或國籍，也會導致相同的問題。人身特徵都不足以作為排除聽取對方意見的理由。

自己搞懂還是相信專家？

如果這概念對你而言再清楚不過，那麼試著思考一下較複雜的例子。一位議員在傳統媒體或社群媒體上公開發言：「議員的薪資過低，原因如下……」確信議員所得優渥，足以讓他們享有富足生活的網民或在意公共福祉之人，於是如此回應：「他當然想要替議員加薪，他自己就是國會議員啊！別聽他的。」這段論證是人身攻擊，這裡應該攻擊的是該議員所提出的理由：要嘛這些理由非常充分，因此需要調高他們的津貼；要不就是那些都不成理由，並解釋為什麼。當某位議員提議調升議員津貼時，代表著必須非常注意他提出的論點，而指出可能的利益衝突也沒錯。但是，利用對方的身分來詆毀或壓制他並不恰當，如同波羅莫以神行者的遊俠身分來無效化他的發言；又或是勒苟拉斯試圖以神行者的王位繼承人身分證明他言論的可靠性一樣！

這也是深入對話的建設性交流美妙之處：每個人的社會背景、地位或文憑都不重要，只有實質內容和證據才緊要，除非沒有時間也沒有意願深入討論，並試圖快速得出結論，否則盲目信任位高權重者或自稱專家的人，絕非恰當的方法。

最後一點至關重要，你的心態如何？你有時間、意願和精力進行討論以接近真相嗎？別自欺欺人了！即便追求真相的目標一直存在，也無法指望任何人隨時都擁有這種時間和精力。如果有一位醫生和一名消防員對於疫苗的好處意見分歧，而你對此議題一無所知，也沒有力氣或時間去鑽研這個主題，那麼基於醫生的專業選擇相信他而非消防員，是自然而然的事。選擇醫生、忽略消防員的意見，原則上能將誤信錯誤信息的機率降至最低。然而要注意的是，捷徑往往潛藏風險——要是你知道有多少時候對的那方是消防員或一般人，而非專家；再者，當同領域的兩位專家抱持分歧意見時，就專業性來選擇的方法就行不通了。總而言之，必須親自去了解、評估兩位專家的論點，才是最佳的做法。

利益衝突

有些話題比其他話題更具傷害性，幾乎總是走向人身攻擊或侮辱，以規避讓人難以承受的實質討論，順勢療法的相關討論尤為如此。其中一個主要的論述就是，順勢療法除了安慰劑效應外，未曾有其他反覆重現的療效。致力於傳播此一效果未被證實的療法之人，經常會被對手陣營指控為大型藥廠[2]的走狗。

二〇一九年五月，比利時第一個消費者協會 Test-Achats 發表了一篇文章，其中寫道：「所有分析到的順勢療法及其傳統藥草，均未被證明具有療效（安慰劑效果除外）」，這篇文章在線上發表[3]之後，協會收到了雪崩似的類似回應，以下是從中擷取、改寫，且匿名處理的例子：「你們是製藥業的走狗嗎？我真的很想知道。無論如何，我再也無法相信你們了，不要再叫我訂閱了，一切到此為止。你們褻瀆了我對你們的信任，你們就去為那些副作用會毀掉人們健康，但能讓藥廠賺滿滿的藥品買單好了。只要親自試過順勢療法，你們就會被說服了。」

儘管是未經證實的指控，但因為指控條件存在，消費者協會還是基於利益衝突，被認為所做的分析有所偏頗，誤導大眾。

利益衝突通常意味著藉由扭曲事實來獲取金錢上的利益，尤其當被指責方是由某企業財團所贊助，或為其工作時。然而，替一家公司工作，同

---

2. 作者註：大型藥廠（Big Pharma），是個具有歧視意味的詞，用來指稱製藥產業方的壓力團體。
3. 作者註：我個人跟這個組織並沒有什麼接觸，但是我很想要向他們的勇氣致敬，即便他們已經知道發布這篇關於順勢療法的文章，代價是失去一些訂閱者，失去他們營收的主要來源，但他們還是發表了這篇文章。

時為其辯護，其發言內容屬實也不無可能。當利益衝突發生時，比方一位醫生認同順勢療法的有效性，他同時也是布瓦宏實驗室[4]的科學顧問，事情很簡單：只要事實沒有被扭曲或省略，就沒有進一步討論利益衝突的必要性。如果圍繞著利益衝突所進行的辯論已經到了迴避實質討論的程度，就屬人身攻擊。

利益衝突不僅止於金錢上的利益，也可能有政治上的利益。企圖煽動人心、攻擊易被大眾誤解的目標時，人很容易缺乏公允性。[5]此外，還有意識形態上的利益，比如認為核能是一場災難，預先在立場上做了明確定位，通常已經損害事實。反之亦然：那些相信核能是解決問題唯一方案的人，則會忽略那些與他們觀念不符的事實。政治或意識形態上的利益衝突，最大的問題就是：它們無所不在。無論主題為何、討論的對象是誰，利益衝突無疑都可能被拿來混淆視聽。

雖然為了觀察一個人在討論中的立場，把利益衝突納入考量很重要，然而，在研究討論的實質內容時，它鮮少會是個值得關注的重點。如果你假設你的對話者一開始就有所隱瞞，且無法提出證明反駁，那麼你在辯論中所秉持的態度就不會有建設性。有一條黃金定律，值得你把它列印、裱框，每天早上出門面對外在的世界前，高聲朗讀一遍：除非有充分的理由懷疑對方，否則始終都要相信對方的真誠性。

回到消費者協會的例子，Test-Achats 跟製藥產業之間是否存在聯繫？如果有，那也只有在能夠證明那樣的聯繫會促使協會掩蓋事實時，問題才會成立。但是並無足以確信 Test-Achats 跟製藥產業間有聯繫的理由存在；再者，只要在其網站上[6]點擊幾下，就可以找到顯示其活動資金來源的圖

4. 作者註：布瓦宏實驗室在順勢療法的研發上具有世界性的領導地位。
5. 作者註：這裡我是受到推特上 @Matadon_sur 這位用戶所撰寫的內容所啓發，並且獲得其授權。

表：九九・二〇％是來自消費者，〇・六〇％來自企業，另外的〇・二〇％來自政府部門。

無論多麼讓人不安，全部的事實都指向一件事：該協會是在無干預的情況下獨立得出結論，而這個結論不但符合該主題的科學共識，且是以數十年來進行的數百項研究為依據。關於順勢療法除了安慰劑的療效外，尚有一些積極研究，但這些研究從未成功重現過：即所謂的偽陽性，[7]換言之，就是偽造結果，亦即在過程中作弊或研究方法拙劣，像是忘記使用對照組，或是找藉口不冒可能錯誤的風險。如果有人想要深入探討這個主題，我推薦一本好書：托瑪・莒宏的著作《你知道順勢療法是什麼嗎？》。[8]

要有耐心

如果對談者對你進行人身攻擊，落在了「格雷厄姆之靶」的第三圈，該怎麼辦呢？你要幫助他射出第二支箭，這支箭必須離靶心更近，方法是建議他詳盡解說他的想法：「那你是如何看待順勢療法？你認為它有療效嗎？」你也要記得，大部分的人不一定會有時間、精力和追根究柢的欲望。如果你面前的是目光狹隘的使用者，只會重複他認為某某醫生對於X藥物的優劣觀點正確無誤，只因為他的醫生身分，而你則無任何相關學歷，對此一無所知，最好閉嘴時；試著如是想：這個人今天可能沒有精力深入討論，寧願依靠醫生的專業身分區分真偽。此時，比較好的做法是等這個人的身心狀態比較適合檢視彼此論點時，再重啟討論。如果這個人狀似永遠都不會達到那樣的心態，重點就不再是討論了，而是向他解釋文憑並非總

6. 作者註：https://www.test-achats.be/
7. 作者註：在療效相關的研究中，正向的結果之於治療效果的證據其實相當薄弱，只有在這些結果可以被多個獨立且嚴謹的實驗室反覆操作出來時，才能顯示該療法具成效。
8. 譯者註：原文書名 *Connaissez-vous l'homéopathie ?*，目前無中譯本。

是真理的保證。必須提供他一些具專業資歷者判斷錯誤，而無相關學經歷者卻是正確的實例，又或是專家們相互矛盾的實例，這樣肯定能動搖只信任專家的人。網上常見專家彼此意見分歧的例子：二〇二〇年初，新冠疫情下，迪迪埃・勞屋[9]與世界各地的許多專家意見不一，而這些專家與他在資歷上皆平起平坐。

9. 譯者註：Didier Raoult，法國知名科學家暨病毒學家，曾提出某專治瘧疾的藥品有治療新冠病毒的療效。

第四卷 形式攻擊

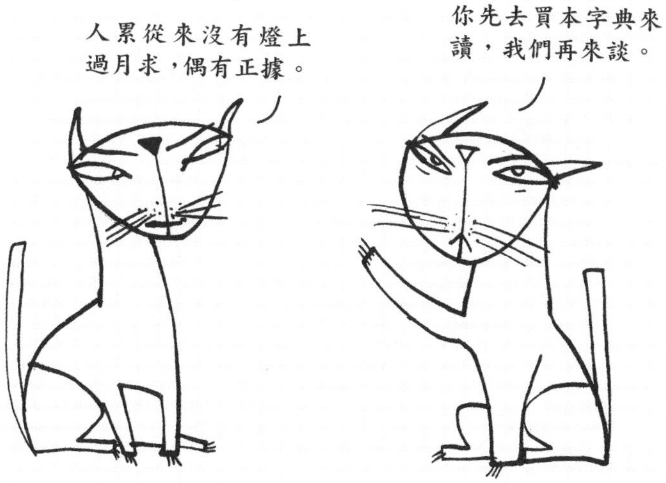
人累從來沒有燈上過月求，偶有正據。
你先去買本字典來讀，我們再來談。

形式攻擊類似人身攻擊，不全然相同也沒那麼惡劣，指的是透過指責對方在言論形式上的錯誤、或在公共場合詆毀他，使他的話失去公信力，以此迴避他所談論的內容，而非攻擊對方所代表的族群或其個人。

花園裡的小矮人[1]

舉個簡單的例子，參與會議討論者認為對方品味不佳，因為對方透過Powerpoint[2]簡報提出一系列想法，每張投影片都以紫色背景下的花園小矮人為插圖，字型則是漫畫體。對於一個想找碴的人來說，可能會傾向於攻擊他的簡報樣式，而非他所傳達的訊息，於是可能會聽到這樣的話：「我看著你做的簡報，實在很難認真看待你所說的內容。」

即便一個人做的簡報有錯字，穿的衣服不是很得體……這些都不足以成為無視他的論點的理由。

漫畫體的問題在哪裡？

二〇一二年，歐洲核子研究中心[3]的法比奧拉．吉亞諾，在一場宣布發現希格斯玻色子的記者會上使用了漫畫體，引發了許多連鎖反應。《時代雜誌》在此兩年前已指其為有史以來最糟的字體，批評者認為這種字體很幼稚、設計不當且經常被濫用。漫畫體是一九九〇年代中期，文森特．康奈爾幫微軟（Comic Sans MS，字體名稱中MS的由來）所設計，旨在供兒童電腦軟體使用。

儘管平面設計師告訴人們：字體應該要反應其所承載的訊息基調。但這還是無法避免漫畫體在一些不恰當處出現，像是二〇一八年，使用

1. 譯者註：國外有些人喜歡在花園中擺放小矮人形象的擺飾。
2. 作者註：Powerpoint 的簡報組成常常是一連串的投影片，依次投影在屏幕上給觀眾看。
3. 作者註：歐洲的實驗室，研究標的是粒子物理學，位於瑞法邊境上。

在前智利總統佩德羅．阿吉雷．瑟達的雕像底座上；二〇一五年，使用在希臘首相所屬政黨多位重要成員的辭職文件中；又或是二〇一二年，荷蘭的二次世界大戰紀念碑上。在那些致力於推廣科普的法文YouTube頻道中，也常常會把漫畫體用在影片的對話框裡，而這些影片有好幾十萬人次的觀看量。

社群媒體上，嬰兒潮與最年輕世代之間的那場跨世代戰爭，從幾年前便已開打，且有愈演愈烈的趨勢，到了二〇一九年尤為緊張，最年輕世代比以往任何時候都更渴望與眾不同，執意與他們眼中大多是卑鄙、過時和屈尊的那一代劃清界線，結果迎來了一波貶低曾在嬰兒潮世代風行一時的漫畫體之新浪潮。

出於種種原因，漫畫體被視為具破壞性，因其被作為形式攻擊目標的風險太高，並導致對方對實質內容的漠不關心。熱衷這個字體並無實質好處，尤其是當網路上有其他數以千計的免費字體可以使用的時候。

等你學會寫字再回來

正如缺乏魅力、不得體的裝扮或低下的品味一樣，寫錯字對某些人來說，已成為將麻煩的對話者排除在討論外很好用的藉口。今日，網路的使用幾乎遍及全世界，來自各個社會階層的人都會在網路上瀏覽，其中有些人成長於口說文化中，在未掌握基本寫作技能前便完成義務教育。[4]

無論是在網路上還是現實生活中，寫作能力比以往任何時候都更具社會選擇功能，因此，錯別字未必是用以衡量智商或判斷是否可以參與討論的準則。如果有人聲稱有證據證明人類從未踏足月球，但是他的錯別字稍多，應該禮貌地要求他提出證據並加以說明，除非他提出的證據形式讓人無法理解，否則沒有理由進行形式攻擊。以此原由，把這個人排除在他深

4. 作者註：這並非本書之主題，但是在某些有義務教育的國家，不識字的人口依然續存，這是社會巨大的失敗。

感興趣的討論主題外，這種做法並不可取；更好的做法是協助他更正錯誤，讓證據可以被理解，而非在未理解他所提出的內容前，就先貶低其內容價值。

我要強調的是並非內容、形式、拼寫以及語氣都無關緊要；正好相反，在討論中，擁有魅力並能正確地表達是首要且需執著之事。YouTube 上許多知識頻道的成功都是建立在清晰且非典型的溝通形式。

YouTube 頻道 **DEFAKATOR** 的作者是其中佼佼者，他系統性地拍攝自己戴面具和穿著奇裝異服的影片，博取網民們開心。頻道 Horror Humanum Est 的作者在他的動畫裡，僅使用黑色、杏色、以及鮮紅色等少數主要顏色，讓他的頻道呈現極其獨特且能快速辨識的風格。另一位創作者，克里斯多福．米榭，則是盡可能少使用黑、白之外的色彩，充分利用獨特和易分辨的圖像風格。可想而知，優秀的 Simplex Paléo 頻道作者艾力克斯．柏納丁尼，他那些花枝招展的夏威夷襯衫，又怎會讓網民看膩呢？

位於靶內

前面的章節裡，我提過有一種反駁方式不比肢體暴力好到哪兒：言語攻擊。在社群媒體或現實生活中，許多人雖提出很棒的論點卻克制不了言語攻擊，即便他們的論點很突出，還是落在了靶心外圍。二〇一九年初，我在 YouTube 上介紹了「格雷厄姆之靶」以來，觀察到一個有趣的現象，某些熱衷這套理論的人，在面對他人的言語攻擊時，以此靶作為理由拒絕聽取對方的意見，即便對方的意見可能具有參考價值。他們之間的交流就會變成下頁的小貓們那樣。

為了迴避對方的實質論述而抱怨他沒打中靶心，這樣做只是形式攻擊。

相信X的人是傻子吧，只要稍加研究一下，就會知道在二〇〇五年、二〇〇七年、二〇〇八年都已經證明X是假的了。

你沒聽過「格雷厄姆之靶」嗎？當你出言侮辱他人時，就不該期待別人聽你說話了，祝你有個愉快的一天，謝謝你陪我玩，再見。

這段對話中，有缺失的是右邊的小貓，牠迴避了左邊小貓所言×三次被證明為虛假的問題。無論對方的語氣如何，當他提出了具實質內容的訊息，以此為理由中斷這場交流就會喪失推進溝通的機會。如果對方同時落在「格雷厄姆之靶」上幾個不同處，則應優先考慮最靠近靶心那個。

跟擁有魅力一樣，在溝通或寫作時把錯誤降到最低、使用合宜的語氣、措辭得當並且有結構性地表達出想法，這些同等重要，因為這可以最大限度地減少形式攻擊。

避免自己遭受形式攻擊

為什麼我像逃避瘟疫一樣避開漫畫體，還建議大家也這麼做？為什麼我每個月要花幾小時重讀拼寫規則，即便它毫無樂趣可言？為什麼我在公開演說時，會在意我的服裝以及髮型？我本可以用學術風格寫作這本書，為什麼要放貓咪插圖？為什麼「格雷厄姆之靶」會用顏色做區隔？這些問題的答案和參與討論一樣：不關心這些形式的風險就是可能被指責。如果我沒有付出努力讓這本書具有吸引力，並施展我的魅力，就有可能讓這些點變成攻擊目標，作為把我從討論中排除的藉口，而這本書也可能不會被閱讀。

在理想的國度裡，不存在形式攻擊，我們都會極具耐心、有充裕的時間、能忽略某些人的品味或魅力缺乏，去聽取他們提出的實質訊息。不幸的是，我們並不生活在這樣的國度裡。但是我們依然應該一起努力，朝著這個境界前進；由於我們處在一個對形式進行大量攻擊的世界，如何讓自己不要有任何可以被挑剔的把柄，避免受到攻擊就相當重要：注意自己的外表、措辭、談吐以及語氣，努力讓自己有魅力。

與此同時，也要容忍他人在這些方面上的缺失，這亦是本書及「格雷厄姆之靶」所要傳遞的訊息，容忍並非因為沒有人是完美的，而是因為實質內容才是真正重要的。保護自己免受形式攻擊；然而，這項建議並不意味著你不該去批評論述的形式。事實上，正因為形式攻擊在交流中會帶來災難性的影響，所以要毫不遲疑地協助他人在這方面取得改善，以免成為這類型攻擊的受害者，但是，在協助他人時，必須懷抱善意私下進行，絕不能傲慢地公開指責，讓對方失去公信力：如此，非但無法幫對方免於形式攻擊……你自己就是加害者！

要有足夠的紀律來避免自己落在「格雷厄姆之靶」外圍是巨大的挑戰。要擁有品質較好的溝通，除了自我約束還不夠：還必須以善意協助他人採取適當的溝通方法。

第五卷 反駁，但沒有進一步說明

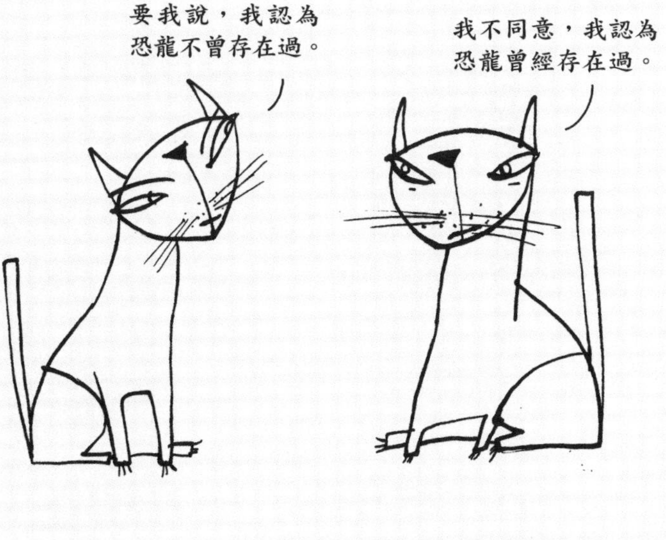
要我說，我認為恐龍不曾存在過。
我不同意，我認為恐龍曾經存在過。

在與他人進行討論時，目標絕不會是虛度時間或在結束時更加困惑。因此，那些不擅長這門藝術的人特別讓我感興趣：研究他們的行為可以辨識出所有不該做的事！在討論前，建立一份清單，列出關於討論的適當做法、並回顧過去成功的意見交流案例，這麼做聽起來很誘人，其實還不夠：不適當的做法也要列舉出來作為提醒。

安全區

我們終於進入「格雷厄姆之靶」的這一圈，並把外圍那些不同等級的不良行徑全拋諸腦後。接下來，關於討論中意見分歧的表達形式，迴避實質內容的方式將不復存在，不會再有肢體、言語傷害這些針對人身或形式上的攻擊。我們終於要開始列舉好的做法，第五圈將是這場舞會的開場舞，但是，這圈在表達分歧意見上的做法仍不算最高超。下面是一些例子。

八十二歲的傑哈生性活潑，愛好飲酒。家庭聚會時，他總會斟滿席間賓客的酒杯，並告訴每位與之交談的來客，他如此長壽都歸功於葡萄酒，也鼓勵周遭的人仿效。聖誕節時，他總是會送給他愛的人們親手從義大利帶回來的優質葡萄酒。但是他的女兒，我們姑且稱她露西，認為父親的認知是錯的，他的長壽完全無關葡萄酒。有一天，她終於受不了對父親說：「無論你說葡萄酒對健康多有益，我都不相信。我覺得你應該少喝點酒，也希望你以後不要每次見面就強迫我們喝酒。」

另一個例子，凱文的朋友告訴他，果汁比可樂對身材有益。據這位朋友所言，喝果汁比較不會有罪惡感，因為碳酸飲料充滿各種化學物質，果汁則是純天然的。但是凱文不認同：「我不這麼認為。果汁跟可樂一樣有損身材，即便果汁裡的糖是天然果糖。」

露西和凱文反駁了他們的對話者。對許多人來說「反駁」意味著「反對」，如果對方說白，要反駁你就說黑；如果你認為恐龍存在過，反駁者就會說恐龍根本不存在。但是在本書中，我想賦予這個動詞更廣泛的含意：反駁，不需表達完全相反的意見，只是陳述不同的立場。

如果蘇菲告訴我們：「牛奶巧克力是最棒的巧克力」，反駁她的第一種回答是：「才怪，白巧克力才是最棒的巧克力！」，或者：「對我來說，我認為黑巧克力是最棒的巧克力。」要記住的重點在於，像露西和凱文那樣，僅僅陳述一個相反的立場，並不會讓這場討論有所進展。這麼做，實際上，只是在原地踏步。

把對方當成我們重視的人

反駁但不說明，常見於家人或朋友間發生意見分歧時。不同意的人不想冒險落入標靶的最外層：出於直覺認為那樣做會危害到彼此的信賴關係。在不完全同意對方的狀況下，你會尊重你的朋友或家人，因而避免做出形式或人身攻擊。即便你姑姑最喜歡的碎花裙品味令人質疑，你也絕不會直截了當地指出來，以避免必須對這個主題進行更多討論，讓自己尷尬。

這種克制現象相當有趣，當我們想要反駁自己所愛之人時，就可以輕而易舉地辨識出「格雷厄姆之靶」最外圍的那四圈是有問題的；不用任何人告訴我們，我們就會直覺性地瞄準更靠近靶心的位置。但是當對方是沒有感情連結的陌生人，或是我們平常不怎麼欣賞的人，無論理由是什麼，落在靶的外圍對我們就不是那麼困難，我們會直接告訴對方碎花裙不好看、最好把襯衫燙一燙。

這揭示了交流失控的一個重要原因：**善意和同理心的缺乏**，尤其是欠缺同理身外人的能力。在不歡而散的討論中，表達不同意見的那方，往往無法視對方為同樣有感情、具善意的人。在比較極端的情況下，我們有時會妖魔化對手，從而忘記討論的實質內容，僅存的目的只剩不擇手段擊敗持不同意見的人。

昆蟲感受不到痛苦

在社會心理學領域，非人化這個概念是指：個人或群體對待其他物種不如人類的心理過程。將對方非人化，等同開啟各種形式的暴虐行為。非人化愈強，暴虐行為就愈激進，直到將對方消滅也不會心理不安，而對所愛之人進行同樣的行為導致立即的反抗時，施暴者的心理上卻會感到不舒服。

與他人進行意見交流時，即便不認識對方，就算他的言行舉止充滿挑釁，也要努力把對方視為朋友。想像你跟對方新年舉杯的畫面、一同蒔花弄草、一起打電動，試著站在對方的立場，並意識到這個人是有感覺的，而且他跟你一樣，也在尋找達成目標的途徑。在你把話說出口之前，先捫心自問：「**我敢把同樣的話說給我最好的朋友，還是我的父母聽嗎？**」

如果答案是否定的，那麼你的訊息很有可能落在「格雷厄姆之靶」的安全區之外。無論什麼主題，如果你有意願，想要進行一場有意義且深入的交流，不要僅是陳述與對方相反的立場。要向上提升到下一圈，解釋你的立場。換句話說，具體化你的論點，也幫助對方具體化他們的論述。

第六卷 用論證進行反駁

A家的可樂餅是最好的，因為他們只提供天然的產品！
最好的可樂餅是B 家的！他們家的性價比無人能出其右！

透過論證來反駁，這是第一種能夠讓意見交流有所進展的方法。

在論證之前

讓我們以嘉艾兒和萊蒂西雅為例，這兩位網友互不相識，但她們有個共同點就是都看過《冰與火之歌》[1]最終季。嘉艾兒在自己的社群媒體上發表了以下言論：「對這一季完全失望！不只是跟前幾季比起來，這季的節奏糟透了，劇情也超級不合理，省略了一大堆東西，忽略了很多角色的進展還有個性，拍攝技術上也很草率，實在難以說服我，像是第三集的視覺就暗到讓人難以忘記。粉絲們值得更好的！」但是，她遭到了萊蒂西雅的駁斥。萊蒂西雅非常喜歡最後這一季，她反駁道：「我不同意妳的看法，第八季簡直完美，這一季成功創造出好幾個雋永的橋段，它讓觀眾感受到強烈的情感，以及戲劇性和暴力性交織的力量。拍攝上無論是遠景還是特寫都無懈可擊，第八季真的是這部史上最棒影集的完美收官。」

這裡，我們面臨兩種對立有爭議的觀點。她們分別都有給出理由，讓對方能夠理解她們之所以持該立場的原因，這點非常好，儘管仍有改進的空間：待我們繼續向著「格雷厄姆之靶」的靶心靠近時，會再繼續討論這個問題。

用論述站穩你的腳跟

回到凱文那個例子上，面對他那位宣稱喝果汁就不必擔心身材走樣的朋友時，他說：「我不這麼認為。果汁跟可樂一樣有損身材，即便果汁裡的糖是天然果糖。」我並不想對凱文太苛刻，但遺憾的是，他沒有提出任

1. 作者註：一部中世紀奇幻主題的美劇，蔚為風靡，在播出了八季之後於二〇一九年完結。

何理由來證明他的立場。為了讓他進展到第六圈，我們將具體化他的立場，比方建議他這樣說：「對於身材來說，果汁跟可樂一樣有害，因為一杯果汁跟一杯可樂中的含糖量一樣多，甚至更多！」或是：「對於身材來說，果汁跟可樂一樣有害，因為對人體而言，天然糖分和精製糖分並沒有什麼差別。」我們還可以更進一步，把兩段論述結合在一起：「對於身材來說，果汁跟可樂一樣不好，因為兩者的含糖量一模一樣，不僅如此，對於人體而言，天然糖分和精製糖分並沒有什麼差別。」

一杯果汁的含糖量通常確實跟一杯可樂一樣多：只需要比較兩者的產品標示即可。一百毫升的含糖量，都在十克左右，至於人體在處理可樂裡面的糖和天然糖分時，是否真的並無二致，則有待觀察。這個議題我未深究過，因此我採信凱特琳．樂福布爾這類營養學家們的意見。她告訴我們：「食用糖或精製糖的成分是五〇%的果糖和五〇%的葡萄糖；而像是蜂蜜或是楓糖漿這種天然糖分的組成，則是比例不等的果糖和葡萄糖，還有一些水分。在等量的情況下，總含糖量低於精製糖。[2]其中所含的葡萄糖和果糖在體內都是經由相同的管道代謝掉。」我們由此得知：「葡萄糖會進入血液循環，讓血糖升高，過量時，就會以脂肪或肝醣的形式被儲存起來。」而：「果糖則會繞過血液循環，直接進入肝臟，過量時，會比葡萄糖更快轉換成脂肪。」她的建議是：「要謹記：減少總糖量的攝取。」

如果凱文的朋友駁斥：「但喝果汁可以攝取到礦物質和維他命，可樂沒有！」這只是虛晃一招，問題不在於這種說法是否正確，而是把對話焦點轉移開了，果汁含有維他命，這很好，但這並無法讓原本的討論取得令人滿意的進展。凱文的朋友試圖巧妙地轉移話題，而非承認自己說錯或誇

2. 作者註：即便如此，如果把蜂蜜和楓糖漿裡的水分全蒸發掉，其中的總含糖量還是與精製糖一樣多。

大了。假如這位朋友最初的說法是：「與其喝高糖飲料，不如喝果汁。」事情就會改觀了。果汁能夠提供的礦物質和維他命會與可樂明顯區分開來。

學會瞄得更準

現在，試著幫傑哈的女兒露西進入第六圈。傑哈深信葡萄酒有益健康，他的女兒則否，但她只是反駁父親說她認為酒無益健康，卻沒有進一步陳述論點：「無論你說葡萄酒對健康多有益，我都不相信。」比較好的表達會是：「無論你說葡萄酒對健康多有益，我都不相信，國際癌症研究機構[3]把酒精歸類在第一類，就意味著酒精肯定會致癌，爸爸，我很擔心你的身體，我希望你可以少喝點。」

在古代，葡萄酒被視為一種健康飲品，可適量攝取。長久以來，甚至被認為是比水更衛生的飲品，原因是當時並非總是可以取得安全的飲用水，也沒有如今遍布全國的嚴格衛生標準。我們現在知道，不管是葡萄酒、啤酒或烈酒，都會導致罹癌的風險，而這種風險與攝取量成正比。酒精已被證實與七種不同的癌症存在因果關係，其中包含口腔癌、咽喉癌以及肝癌。國際癌症研究中心聲稱，在法國，酒精是第二大可避免的致癌因素，僅次於吸菸；然而，紅酒對於心血管系統的保護作用尚未取得科學共識。科學界一致認同：即便這種保護作用確實存在，效果也微乎其微，也不該以此為由合理化飲用紅酒這件事。想要保護心臟嗎？把紅酒放回酒窖，穿上運動鞋出去跑個幾公里吧。

當我們知道法國的平均葡萄酒消費量約為每人每週一瓶——離世界紀錄不遠了——我們完全有理由擔心。眼前有一個重大的健康問題，但是比

3. 作者註：由世界衛生組織於一九六五年所成立的一個非政府機構。

起這個，法國人似乎更擔心盤子裡的農藥殘留、或是年輕人暴露在手機電磁波下的健康風險；然而，以當前的健康知識衡量，這兩者所帶來的健康風險相當低。這種恐懼和現實的脫節導致了看似超現實的狀況，例如保證「零農藥殘留」的葡萄酒標籤，而致癌的實則是葡萄酒本身；但你還是會因為殘留的農藥被清除而安心，它確保你不會受到農藥殘留那種極微小、甚至不存在的致癌風險所影響。

輕重緩急的順序錯了

另一件荒謬的事：有些抽菸者積極反對過度使用手機和架設通信基地台，為的是保護自己和身邊的人免於受到電磁波影響。與此同時，他們卻嚴重低估主動和被動吸菸帶來的傷害性影響，儘管幾十年來，這些影響都已被證實並記錄在案。我們的恐懼是否與我們日常所面臨的實際危險一致？一般來說，答案是否。酒精、癌症、電磁波與殺蟲劑等議題，都值得分別以專書討論。

那些患有「電磁波過敏症」的人

有些人宣稱「對電磁波過敏」，即暴露在無線電波[4]下時，會出現一些不同的官能症。他們表示自己對於電磁波極度敏銳，即便低於閾值的強度也有所感應；超過閾值的強度通常會對人體造成已知的發熱效應，而這個門檻在制定公開暴露標準時也已定義於其中。儘管這些症狀被認知是真實存在，但許多研究都指出受試者無法分辨自己是真正暴露在電磁波下或只是模擬的情境。即便是暴露在假想電磁場中，也能引發部分受試者的目標症狀。

這些所謂電磁波過敏者所受的痛苦非常真實，但就現階段而言，這些症狀的源頭並無法歸咎於電磁波，它似乎另有原因，像是身心方面的因素（相關人士強烈反對此結論）。二〇一四年初，艾松省省議會同意向電磁波過敏症者提供財務上的補助，協助他們購買阻波器，以利這些人士克服障礙，二〇一四年五月五日，法國國立醫學科學院對此做出回應：「我們有義務提醒公眾輿論與各級決策者，避免鼓勵不必要且昂貴之做法，以及正式認可阻波器交易之風險。在規範下使用的無線電波已被科學界認定為安全無虞，」他們補充道：「卻沒有任何規範，限制精明的商人投入此市場，加上媒體的推波助瀾，所引發的焦慮更加劇了這個市場的繁榮，特別是那些容易被這項產品蠱惑的人，」最後，「媒體大肆渲染於科學上無根據、於醫學上適得其反的單一行政決定，只會讓這些民眾愈加不安並導致後續案例，對此，院方深表遺憾。」

二〇一八年，世界衛生組織表示：「過去二十年來進行了大量的研究，以釐清手機是否會對健康帶來潛在風險。時至今日，尚未證明使用手機會對健康造成不良影響。」

儘管如此：暴露於現代裝置電磁輻射下的長期影響仍相對未知；缺乏證據下，並沒有理由擔心到必須禁止手機的使用，或反對部署應用無線電波的新科技。如果我們以不清楚長期影響為藉口禁止某些產品或科技，且在無任何證據下指控它們造成了不好的影響，後果將是社會倒退，帶我們回到工業化之前的時代，換來一場空。未知的影響並不等於有害的影響。

如果你認為解決方案是在不禁止手機的情況下，「以防萬一」地限制其使用，你原本就有放棄使用你的行動裝置以及不住在天線下方的自由。但另一方面，若是試圖將這種過度謹慎強加在他人身上，或傳播有關這些裝置具危險性的錯誤訊息，就是反應過度了。

4. 作者註：無線電波（radiofréquence，經常縮寫為ＲＦ）指的是介於三千赫和兩百吉赫之間的電磁波，其中包含手機、Wi-Fi 以及廣播電台使用的頻率。

第七卷

反駁一個次要論點

（說了關於用紅酒烹製飲食的一段冗長報告）

在你的報告中，你說那些用紅酒烹煮的料理都不含酒精，因為酒精的沸點很低，在烹煮過程中，很快就會揮發掉了，但這是錯的，這裡有一份研究報告，顯示在煮沸過一小時後，料理中仍存有二五％的酒精；過了二小時後，還留有一〇％的酒精。

「格雷厄姆之靶」的靶心就在眼前，嚴肅且有價值的事開始出現了。我們在靶的前面幾圈所付出的努力，值得讓我們再更上一層樓：透過陳述不同的立場以及用論據鞏固觀點，以此來表達自己的反對意見，這很重要也很好，唯一的問題是，有可能變成各說各話。萊蒂西雅和嘉艾兒就是很好的例子：他們對《冰與火之歌》第八季的看法各不相同，並且雙雙重複自己的論點，卻對對方陳述的內容漠不關心。

這不是一場濫好人比賽

在這圈中，我們不只表達反對立場並加以論述，還要真正地去傾聽對方說些什麼，並透過正面反駁至少一個論點，對此表達我們的反對意見，目的在於證明其論點之錯誤。現階段我可能看似有意引戰，也確實說了要反駁對方的論點，但我會堅守基本原則：不做人身攻擊，也不做形式攻擊。

有個疑問：難道不能就停留在第六圈，讓每個人都用適當的方式表達立場、以及支持該立場就好，而不去攻擊對方的內容嗎？至於哪個陣營的論點較具有說服力，就交由相關人士自由選擇其認為有力的論點便可。答案是否定的，因為我們的目標不是要當濫好人，而是希望說服別人。

我們希望達成目標，即便這會違背某些人的信念——但是不能因為害怕傷害到別人，就停止討論。

要落在「格雷厄姆之靶」上的這一圈，需要兩個步驟：

1 應該引用你的對話者的言論，至於選擇的內容或多或少是隨意的（真的想要正中紅心的話，就不是隨意挑了）。

2 應該指出內容是錯的，並列舉認為它之所以錯的一個或多個理由。

電磁波過敏案例

為了舉出反駁的例子，讓我們以電磁波過敏者為例。當然，相關人士也有論據證明，他們身體不適的原由可歸咎於電磁波，而非身心問題。正如我之前所做的那樣，引用世界衛生組織以及法國國立醫學科學院的意見，目的在於強化這個立場：有關人員身體不適的原由不能歸咎於電磁波。但是，如果這個案例是以深入探討電磁波這個論點作為結尾會更好。

法國有個支持電磁波過敏者的組織經營了一個網站 electrosensible.org，在這個網站上，有一份總結該問題的檔案。該文件首先告知的是，世界衛生組織的前祕書長，挪威籍的葛羅．哈林．布倫特蘭德能夠在幾公尺的距離外，感應到手機是開機還是關機狀態。這真的厲害！但這是真的嗎？網路上可以找到她從二〇〇〇年代起的訪談資料，正是那段期間，她聲稱對手機的電磁波極為敏感，並因此感到不適，據說她嚴重到能感知四公尺內的手機。她表示自己曾進行過多次測試，讓人們把手機藏在身上帶進她的辦公室，她不會知道手機是開是關，但如果手機處於開機狀態，她就會持續地出現不適反應。[1]

儘管如此，在二〇一二年一篇具挑戰性的文章中，記者托瑪士．艾格說道，這位前祕書長的狀況始終是一個謎，因為葛羅．哈林．布倫特蘭德從來沒有尋求客觀的檢驗方式，也拒絕一些研究人員提供的檢測機會。二〇一三年，托瑪士．艾格引用了挪威衛生部長約納斯．加爾．斯特勒的話，「我不想就造成電磁波過敏的心理因素多加評論，反正目前我可以告訴你，葛羅．哈林．布倫特蘭德平常使用手機、上網時，似乎沒有任何不適。」總而言之，葛羅．哈林．布倫特蘭德一度宣稱受電磁波影響，又拒絕接受

1. 作者註：有趣的是，這事件並不排除當事人在手機關機時，也持續做出反應的可能性：我們無法確知，因為在各式訪談中，她只如此說：「在測試的時候，我都會對開啓的手機有所感應。」

客觀公正的檢測，並在多年後，對此完全痊癒，也不願意多加談論此話題。可惜的是，她的案例對今日那些成千上百自我診斷為電磁波過敏症的人缺少說服力，或許哪天這些人會意識到他們的症狀跟電磁波一點關係也沒有。

electrosensible.org 網站隻字未提托瑪士．艾格，但是在葛羅．哈林．布倫特蘭德的簡歷中提到：這位世界衛生組織前祕書長，是一位重要的政治人物，曾多次擔任挪威總理，是永續發展概念的濫觴。然而，這些都無法讓她在二〇〇〇年代所發表的言論更加有力，一位站在第一線的政治人物即便是出於善意，也可能犯錯，將從自身觀察到的症狀歸咎於錯誤的原因。聰明人也會出錯……而且是經常。總之，我們可以質疑葛羅．哈林．布倫特蘭德感知隱藏在她幾公尺之內的手機是否開啟的能力，以及其他至少上百位民眾所感受到的不適，是否真由電磁波所造成。

為了深入探討 electrosensible.org 網站上的這個論點，我花了整整一下午徹底閱讀了網上關於這位女士的資料，包括一些從挪威語自動轉譯的訪談。要落在靶上的第七圈相當耗時，為了鞏固立場，無論是誰，都需要做研究。要有效駁斥對方的單一論點，需要耗費相當多的精力和時間，正因如此，讓很多人選擇便宜行事，或直接出言辱罵、進行形式或人身攻擊，而不是在內容本身多所著墨。可惜的是，如此的行為無法讓我們說服別人，更糟的是，還可能讓我們與真理背道而馳。

即使不認同，也要協助他人成長

即便我們花了時間把事情做好，也必須記住，我們對對方某個錯誤主張所做的陳述也可能是無效的。用錯誤的論證告訴某人他在某件事情上錯了，這種事很容易發生；雖然這種情況發生的頻率低於辱罵和人身攻擊，卻也不少見，而且這種錯誤論證理所當然會使對方覺得憤怒。

正如我們之前所見，光是做到無可非議（或至少試著更有品質地討論，並將錯誤降至最低）是不夠的。一名好的批判思考者應協助別人也做得更好，而非只著重在個人的進步。具體上而言，這是一場協助對方成長的賽事，在立場上更穩固、提出的論述有更高質量、支持的論點更難反駁。即便你不喜歡對方的立場也要給予協助。

如果我的對話者支持下列的想法：「比利時人跟屎一樣臭」，而他的根據是某些討人厭的比利時人，像是戀童癖者馬克．杜特斯，身為比利時人，自然不會喜歡這個論點。但是作為一個優秀的批判思考者，我有責任協助他鞏固立場，比方建議他從論述角度提出一些更恰當的內容，像是我們災難性的殖民歷史，[2]在我看來，這是一個更好的論據來支持他對比利時的不滿，而非隨意挑選列出一些惹人厭的比利時人名單。以有效的方式強化對方的觀點跟成功地推翻它們一樣難。出於此因，鮮少有人會這麼做，即便是我。

最後一件事：如果你正在做一段論述，遇到一個試圖駁斥你的意見之人，不要忘了敞開心胸歡迎他，即便他一開始的反駁就無效。不要把他視為在做人身攻擊，要讚美在安全區域遊走的那些人。

2. 若對比利時殖民史有興趣，推薦至 YouTube 頻道「Horror Humanum Est」第十二集進一步瞭解，該集標題是〈一雙雙橡膠小手〉，易受驚嚇者不宜觀賞。

靶心

找出並駁斥核心論點

總而言之，你告訴我們的是$(a+b)^2= a^2+2ab$，但是你得出這個結果的算式當中，有兩處是不正確的，我跟你解說一下。

比起武斷地駁斥談話對象的說法，我們可以做得更好，因為光是這樣做通常不足以削弱對方的核心論點，無論它是什麼。現在，找出對方的核心論點，並擬定論證來擊潰它。事實上，我們很少有必要駁斥對方的字字句句：只要摧毀撐起中心思想的那根或那幾根支柱即可。

前進「格雷厄姆之靶」靶心

要落在靶心有兩個步驟。**首先**，簡潔扼要地總結對方的主要論點，從中引用幾段相關的字句。**其次**，指出其主要論點的重大缺陷，並將其一一列出。

第一跟第二步驟同樣微妙。很多時候，我們以為自己已經找到對方的核心論點，實則沒找對。如果我們很高明地摧毀了一個論點，卻非對方的主要訴求，便很有可能會被視為笨蛋或扭曲事實的人，尤其後者是一項嚴重的錯誤，我們留待本書第二部分再討論。

為了確保你瞄準了對的重點，你可以將你的結論說給對方聽，你的對話者通常會很高興看到你對他陳述的內容展現興趣。一旦他確認你對他想傳達的訊息以及論述有正確的理解，你就可以開始第二步驟的工作。如果你的反駁令人信服，加上對方已經驗證你對核心論點有正確的理解，他很可能會動搖，甚至意識到他一開始的論證就有問題。此時，勝利已在握！

如何反駁理查・道金斯

理查・道金斯是一位生物學家，也是科普的推廣者以及演化生物學家。他是英國當代最著名的學者之一，於一九七六年出版《自私的基因》一書而為人熟知，該書讓以基因為核心所展開的演化理論廣為人知，並首創「迷因」[1]一詞。二〇〇六年，他出版了《上帝的錯覺》，其英文原版銷量超過兩百萬本，被翻譯成三十多種語言，[2]在這本二〇〇六年出版的書中，他特別告訴我們：「當一個人產生錯覺時，我們稱之為發瘋；當很多人都產生錯覺時，我們稱之為宗教。」

美國哲學家，阿爾文．普蘭丁格不喜歡這本書，也不贊同書中的核心論點：「你在書中真正要說的是，可能不存在一位超自然的造物主。因為這樣的造物主是極其複雜的，而愈複雜的東西就愈不可能存在；但是神學家稱上帝一點都不複雜，而是一個極其單純的個體。再者，根據你的說法，如果建構某樣東西的元素是用一種幾乎不可能出現的方式排列，那就是一個複雜的存在。但上帝是一個靈，不具任何物質，也沒有構成元素。因此，你書中所說的複雜不適用於上帝。」

請注意阿爾文．普蘭丁格表達不同意的方式：他的第一段找出並且言簡意賅地概述了道金斯的核心論點，然後再進行第二步驟的反駁。在此，他給出了一個極佳的範例，示範了正中靶心的力量有多大。

世代衝突的範例

另一個正中紅心的例子：「爺爺，如果我理解得沒錯，你強烈地認為現在的年輕人沒禮貌、懶惰，活在一個及時行樂的世界，只考慮到自己，你還指出：『如今年輕人占主導地位的文化主宰了我們的國家，並造就一世代的利己主義者，認為整個世界都該圍繞著他們的需求以及他們的小確幸打轉』。但有趣的是，在古代歐洲、中世紀或文藝復興時期，也出現過類似的言論。事實上你的意見反映了一個很有名的社會學現象：隨著一個

1. 作者註：迷因指的是文化中透過特定方法傳播的元素，特別是透過模仿的方式。例如：巴黎市中心住宅屋頂的樣式和外觀、一則中二的笑話又或是一段舞蹈。
2. 作者註：法文版的書名為 *Pour en finir avec Dieu*。

世代的老齡化和步入退休，其中部分成員會傾向於嫌惡汰換掉他們這代人的新世代，並斥責新世代的一些性格特質，而這些特質其實老一輩人也都有。」

在那些自詡為懷疑論者的人當中，常會出現沒打中靶心，甚至落在安全區外的風險。這有時也會發生在我身上，我並不引以為傲。如果你打算在未來的意見交流中使用「格雷厄姆之靶」，當你失了準頭，也不用對自己太過嚴苛。完美並不存在這個世界，只需要認知自己的失敗，並承諾下次會做得更好。同時也要記住，對於你和你的對話者來說，最重要的是離靶心最近的那幾支箭。

你掌握住「格雷厄姆之靶」了嗎？來做個小測驗吧！

一家銷售電子器材公司的副總裁向區域團隊提出了她的新計畫，以促進公司旗艦產品的銷售，因為這支產品的銷售量已經停滯了一段時間。副總裁簡報結束，所有人都禮貌性地鼓掌，沒有人提出問題，副總裁也回到總部。然而在她離開之後，各式各樣的說法紛紛出籠。

請閱讀以下各種回應，並試著把它們放在「格雷厄姆之靶」上的相應位置。

A.真差勁，她的語氣超級自以為是！

B.她說銷售不佳是因為我們沒有找對受眾。根本不是這樣，是競爭變得更激烈了！

C.我認為她的計畫非常有野心，也是時候該有人提出一些方案了！

D.嘿。你昨天看了電視台播的電影了嗎？結局超級感人，我整個晚上都在回想。

E.副總裁的策略絕對行不通。

F.以前女人都留在家裡照顧孩子是有原因的——這是她們能做得很好的事——而我們男人忙著做其他事，不是沒有道理的。要我說，讓一個女人當上副總裁就是錯誤。

G.副總裁就跟她的計畫一樣蠢！我們是不是搞錯受眾並不是重點，問題在於她想要我們用的那些方法證實在市區的消費者身上確實有用，但我們現在面對的是農村的消費者，根本行不通，因為他們獲得資訊的媒體不一樣，很多都是來自傳統媒體。

解答

A.真差勁，她的語氣超級自以為是！

這是對語言形式的攻擊。她的語氣可能很自以為是，在副總裁離開後公然指出這一點，只會使她失去公信力，對她的實質內容則全然漠不關心。

B.她說銷售不佳是因為我們沒有找對受衆。根本不是這樣，是競爭變得更激烈了！

這次有引用副總裁的說法，然後進行反駁。雖還沒進展到靶心的位置，但相距不遠。這個說法駁斥了一個次要論點，非常好！

C.我認為她的計畫非常有野心，也是時候該有人提出一些方案了！

這個例子裡的人表達了「同意」副總裁的作為。「格雷厄姆之靶」僅適用於意見分歧，無法將這個人歸類到靶上。當然有可能為「格雷厄姆之靶」進行補充，做出某種表達同意方式的層次結構；在這裡，這個人表達了同意但未多加論述，反思下，他對實質內容的解讀非常有限。

D.嘿。你昨天看了電視台播的電影了嗎？結局超級感人，我整個晚上都在回想。

這跟副總裁或她的簡報完全無關。

E.副總裁的策略絕對行不通。

表達反對而沒有論述，這是在原地踏步，但至少沒有損害到討論的進展。

F.以前女人都留在家裡照顧孩子是有原因的——這是她們能做得很好的事——而我們男人忙著做其他事，不是沒有道理的。要我說，讓一個女人當上副總裁就是錯誤。

人身攻擊。不管副總裁是女的、男的還是一隻貓，應該在意的是她所說的內容，而非她的性別。

G.副總裁就跟她的計畫一樣蠢！我們是不是搞錯受眾並不是重點，問題在於她想要我們用的那些方法証實在市區的消費者身上確實有用，但我們現在面對的是農村的消費者，根本行不通，因為他們獲得資訊的媒體不一樣，很多都是來自傳統媒體。

這個例子比較難辨識，因為需將這段訊息拆解成兩個部分，第一個部分只是單純的辱罵，而第二部分正中紅心，找出並反駁了副總裁的核心論點。如果你成功且正確地分解出這兩個部分，就太棒了！除了第一句的辱罵之外都很適切。在與他人進行意見交流時，要聽取對方最好的論述，並寬恕其他的。

附錄

「格雷厄姆之靶」的起源

在繼續我們的討論前，讓我們先回到這個靶的起源。

如何表達不同意？

二〇〇八年三月，電腦科學家保羅・格雷厄姆在他的部落格上發表了一篇名為〈如何表達不同意？〉[1]的文章，其中，他根據金字塔的層次結構對表達不同意見的各種方式劃分了層級。他表示，金字塔的形狀反映的是網路上各個表達反對形式的使用頻率高低。根據他的說法，金字塔最底層的辱罵，是迄今為止最常見的一種。

十年後，這個金字塔已被那些支持批判性思考以及更高明溝通的人奉為圭臬，並被廣泛流傳與使用。然而，二〇一九年二月，克里斯多福・米榭在推特上分享了這個金字塔之後，網頁開發者布魯諾・雷席厄回應道：「我覺得金字塔形狀的呈現會讓人以為金字塔的下層是支撐上層的基礎（就

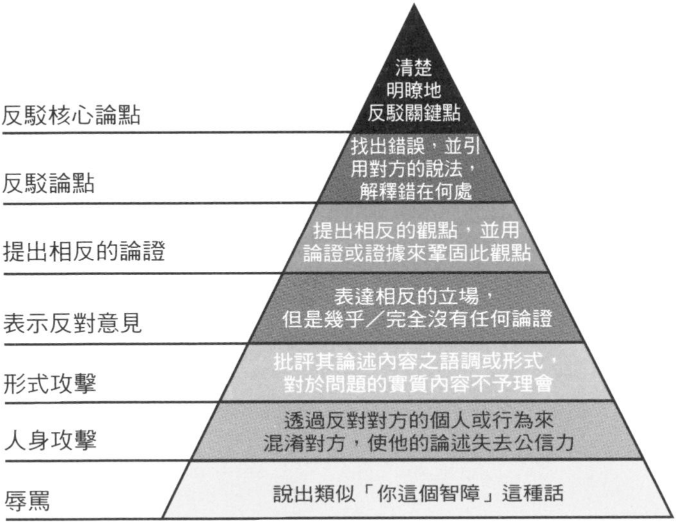
反駁核心論點
反駁論點
提出相反的論證
表示反對意見
形式攻擊
人身攻擊
辱罵
清楚
明瞭地
反駁關鍵點
找出錯誤，並引
用對方的說法，
解釋錯在何處
提出相反的觀點，並用
論證或證據來鞏固此觀點
表達相反的立場，
但是幾乎／完全沒有任何論證
批評其論述內容之語調或形式，
對於問題的實質內容不予理會
透過反對對方的個人或行為來
混淆對方，使他的論述失去公信力
說出類似「你這個智障」這種話

像馬斯洛的需求層次金字塔一樣），但實際概念卻非如此，我認為用靶的形式來呈現會比較合理。」

與此同時，我也對金字塔的圖示進行了現代化改造，透過定義標示出安全區，將有必要暫停與進展順利的溝通區分開來。雖然這個新版本在網路上頗為成功，但我當時並不非

1. 作者註：http://www.paulgraham.com/disagree.html

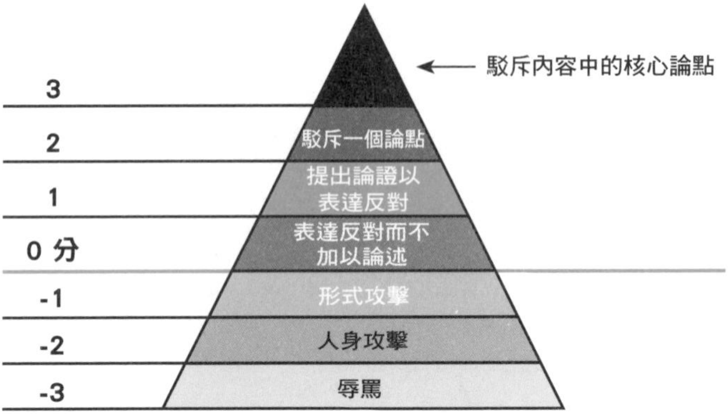
駁斥內容中的核心論點
3
2
駁斥一個論點
1
提出論證以
表達反對
0 分
表達反對而不
加以論述
-1
形式攻擊
-2
人身攻擊
-3
辱罵

常滿意。

在看到布魯諾．雷席厄的推特後，克里斯多福．米榭也對把金字塔改成靶的概念很有興趣並加以推廣，我因此構思了這本書的主題。除了形狀外，用靶來呈現還有另一個不同之處，就是最外圈的肢體暴力，這在格雷厄姆的金字塔上是沒有的。有些網友覺得這個新增很有趣，並建議了更多級別：如果與人有意見分歧，為什麼要在肢體暴力上打住？以下是我收到的一些例子：

減5分：砸了他家。
減6分：把他住的城市夷為平地。
減7分：入侵他的國家。
減8分：摧毀他所生活的宇宙。

但是，把這些都加到靶的外圍上，只會讓注意力分散掉，我的目標是想讓大家把焦點放在靶心，而非最外圍。

安全區

選擇區分安全區普遍受到好評，但也不是所有人都同意這樣的安排。有些人認為應該更嚴格些，把只提出反對而不說明也劃分到安全區外；相反地，也有人認為應該要寬鬆一點，把針對形式攻擊也圈進來。對少數像是克里斯多福・米榭的人來說，這樣的劃分扭曲了保羅・格雷厄姆的原作，並傾向於刪除這樣的劃分。但在我看來，我認為從形式攻擊到肢體暴力這區塊，都會與目標漸行漸遠。換句話說，如果在討論過程當中，有人落在安全區之外，就需要喊暫停，並重新研議討論的規則，因為退到外面幾圈的風險太大了。

第二部

常見的溝通雜訊

有個壞消息：「格雷厄姆之靶」很容易被心懷不軌者濫用。他們會挪移靶位（先射箭再畫靶），突然間，很容易就可以正中紅心或其周邊區域毫不費力，有些人堪稱這方面的翹楚，下面有個假想例子。

挪移概念

選舉前夕，菲力克斯向來憎恨的民粹主義政治家梅多提出了新提案，菲力克斯決心阻礙他，於是在臉書分享了以下言論：「你讀過梅多的新提案了嗎？他在提案中表示虎斑貓都是恐怖分子！但我知道有些虎斑貓不是，他真的很會概括簡化事情。」技術上來說，這個例子幾乎正中「格雷厄姆之靶」靶心，菲力克斯引用了梅多的陳述，然後加以駁斥。沒有出言辱罵、沒有形式或人身攻擊，也無提出反駁而不加以論述的狀況。表現可圈可點啊，菲力克斯！——除了梅多從未說過、也未暗示過虎斑貓都是恐怖分子這點之外。事實上，菲力克斯甚至沒讀過這份提案，但是，他這則含告發意味的訊息獲得了極大的關注，眾多的網民藉此機會宣洩了仇恨、讚許菲力克斯揭露了此提案裡的惡劣意圖：「我真不敢相信他寫的那段關於虎斑貓的內容！我希望有人可以教訓教訓他！」蒂格魯如此回應菲力克斯的貼文。有些較不盲目者指出，這位被譴責的政治人物不可能冒這種險，在他的提案乃至其他地方宣稱虎斑貓都是恐怖分子。少數這些人出現時，菲力克斯小心翼翼地封鎖他們，並盡全力確保他們的聲音無法被聽見。

企圖以不正當的手段強行擊中靶心，最好的做法就是輔以一個或多個詭辯式的論述來進行。菲力克斯使用了最古老的詭辯之一：創造假想敵，又稱稻草人謬誤。

古希臘時代，詭辯家會教授口才和說服的藝術。他們的目標是不擇手段地說服聽眾，無論是議會成員、法庭上的陪審團，抑或家人。詭辯家不在乎道德、正義或真相。對他們而言，重要的只有說服的有效性，這種做法導致了乍看下似乎具有說服力與邏輯的論證，但是當人們費盡心思深入探究論點時，真相並非如此：它其實是詭辯。起初，詭辯並未被視為有失公正，但是時移事易，出言貶低他們的人也愈來愈多。[1]必須記住，詭辯是一種邏輯謬誤的論證。它看似嚴謹的推理，事實上卻是無效的。要注意，有時我們會無意識地使用詭辯法。有很多誠懇的人幾乎天天都在詭辯卻從未意識到。然而長遠來看，詭辯始終是通往真理的阻礙。這種做法遲早都會引火上身，因為詭辯可以支持所有的觀點，其中也包括對方的觀點。例如，當你用詭辯來說服對方 A 是對的、B 是錯的，這意味冒著讓對方將謬誤轉向自己的風險，當對方以此為據替 C 辯護並攻擊 D，而如果正確答案是 D，你就會陷入不堪一擊的處境。當你試圖糾正對方時，可能會讓自己顏面盡失，因為你將被迫承認你對 A 的辯護並不成立。

為了能成功說服對方，你應盡可能避免使用假議題式的論證。即便真實的論證無法輕易地改變人們的立場，但相較於長期來說站不住腳的論證，使用真實的論證絕對是比較好的做法。在接下來的章節中，我將會列舉幾項最常見的詭辯手法，以冀能夠更輕易地辨識出它、不被愚弄，同時也提醒自己不要再去使用。

1. 作者註：柏拉圖就是貶低詭辯家當中最有名的幾位之一。

第一章 稻草人謬誤

使用了幾千年的稻草人詭辯，目的在於錯誤地陳述對方的意見和立場，以便混淆對方。它的名稱源自以稻草假人代替對手，用來訓練戰鬥技巧。使用這種詭辯的人，不直接面對對手，而是複製一個對手的弱化版進行攻擊，擊敗後，便宣稱對手與此複製品並無二致。在最極端的情況下，採用稻草人戰術者會透過恐嚇、武力來阻止對手抗議，受害者可以否認：「我從來沒說過那種話！」但採用稻草人戰術者會惡意捏造或扭曲事實。

稻草人詭辯可以透過下列幾種方式達成。最常見的方法之一，就是**聚焦在對方論述中的部分論點**，並進行駁斥，再將其渲染成是在駁斥對方的整體論述。這個方法可以用「格雷厄姆之靶」做比喻：打中靶心外圍，卻試圖讓人以為正中紅心；亦即試圖讓人相信對話者的核心論點已被完全駁斥，而非只是對方的枝微末節。

另外一種方式，是**擴大解釋對手的核心論點**，盡可能賦予它廣泛和誇大的含意，自己從而重新提出對立論點；接著攻擊這個被誇大的論點，或是等待其他不認同這個誇大論點的人代為出手。

第三種方式就是菲力克斯所採用的，**捏造一個不實的說法**，加以駁斥，並宣稱這就是對方的立場。或是為對方捏造一種在行為或信念上容易招致攻擊的人格，並宣稱對方正是這種該被批判的人格的典型代表。

稻草人戰術的實例

以下，是幾則稻草人詭辯的具體案例。

某國家的兩位總統候選人正在進行辯論，第一位高聲表示：「我若當選，我會持續關注醫療資金是否充裕。」於是，第二位候選人指責對手說：「我的對手厭惡這個國家，完全不關心國防，意圖縮減軍事開支，讓我們的國家處於無軍事防備的狀態！」但是第一位候選人從未說過要刪減軍事開支，把資金用在醫療院所上，也沒表示過他厭惡這個國家，或是要讓國家毫無軍備。

另一個案例是，有一位占星學家表示：「反對占星術的人宣稱星星對我們沒有任何影響。麻煩去問問水手，看月亮對潮汐有沒有影響！」反對占星術者的論述，通常不會聲稱星星對任何事情都沒有影響，遑論指稱月亮不會影響潮汐。

一部只有女性演出的新電影正在上映。大衛看過電影後，在推特發表了評論：「這部片爛透了，劇本好像十歲小孩寫的，美術和特效是二十年前的水準，然後那些女演員一點也不用心。」他的評論隨後收到如此的回應（根據一則真實推文所改寫）：「真有意思，事實是這部片裡百分之百是女演員，而你也看到了，大衛顯然不喜歡女人，就是說啊，厭惡女性的人太可笑了，這下我懂為什麼他這則推文會如此大獲好評了。」但大衛的評論是關於演員的演技以及整部電影，而非對於女性的看法。即便他真的厭女，僅憑這則推文也不足以確認這一點。

第二章 訴諸傳統

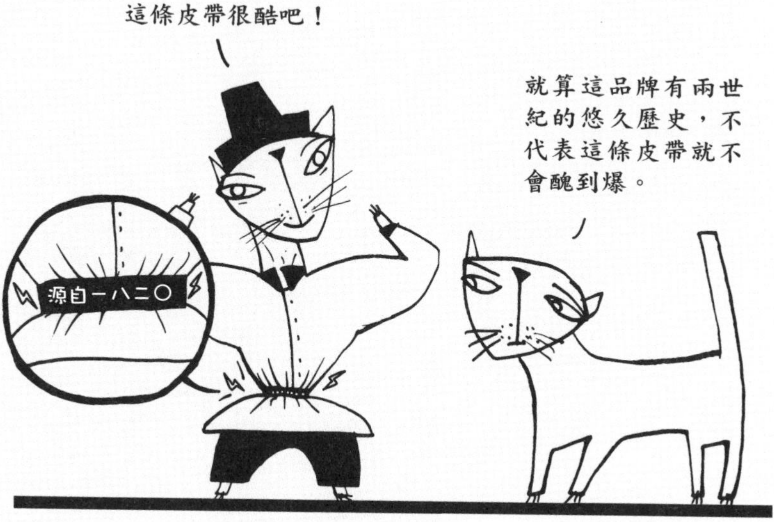
這條皮帶很酷吧！
源自一八二〇
就算這品牌有兩世紀的悠久歷史，不代表這條皮帶就不會醜到爆。

某種淵遠流長的做法或想法，我們用時間長短來驗證並將其合理化，又稱為歷史性的論證，或是更浮誇的說法：訴諸傳統（拉丁文：argumentum ad antiquitatem）。cortecs.org 網站如此總結此論證法：因為 X＝b 這個概念從很久以前就存在了，所以 X＝b 為真。雖然此論證法可用來支持某些論點及其對立面，但它的局限性也很明顯。比如，有人以此論證法支持禁酒：「這個國家好幾世紀以來都這樣做，我不知道我們為什麼要改變。」但若是在另一個平行宇宙裡，好幾個世紀以來，未成年人依法可以飲酒，那麼同樣的辯解，也可以用來支持未成年飲酒的行為。

訴諸傳統的幾個案例

有位總統候選人強調，該國的婚姻制度向來是由一男一女所組成。他承諾，若他當選，將否決任何改變，並全力支持這千年以來的傳統。然而，在候選人所在的國家，婚姻一直是一男一女這個事實無法證明主張這種婚姻的排他性是個好主意。假設有個國家，數千年來只允許同性婚姻，那這個國家的總統候選人也可以用完全相同的論據反對異性婚姻。

丹尼・薩弗侯是《法國葡萄酒評論》（此領域舉足輕重的雜誌之一）的總編輯，他慣於抨擊公共衛生當局，因為他們指出酒精對社會大眾的健康造成傷害。在二〇二〇年一月發表的一篇社論中，他寫道：「我們應該要有所作為，停止資助這些倡導要毀掉我們的葡萄酒產業、背棄我國文化的寄生蟲協會。」

丹尼・薩弗侯是一位頗有造詣的詭辯家。他最近一次訴諸傳統是在推特上：「你去拿本醫學相關書籍來看看，直到一九一四年，六〇％的藥物都還是以葡萄酒或酒精為基底。你認為我們的祖先二〇〇〇年來都是錯的嗎？」要證明此一論證的偏頗，只需指出存在過去許多文化中長達好幾個世紀、甚至數千年的奴隸制。今天，我們生活在一個人權深植於心的時代，廢除奴隸制度豈不代表先人在這件事上的確做錯了。

所以丹尼．薩弗侯伊應該要懷疑——哪怕只是一點點——古醫藥及其療法有不合理的地方存在。直到一九一四年，六〇%的藥物都還是以葡萄酒或酒精為基底的這個事實，並不能成為現今飲酒無損健康的有力理由。

但是，也不應將反對訴諸傳統與拒絕傳統混為一談。有些傳統有很好的論證支持，完全有理由存在。長期以來，至今也是，北美洲以及中美洲有很多民族都是以玉米—豆類為主食，這單純只是傳統嗎？要證明這很合理，用訴諸傳統的方法就很糟；反之，下列就是很好的理由：透過反覆試驗，我們的祖先意識到這個組合能完整提供人體所需的必須氨基酸。如果我們要改變飲食基礎，重點就是確保我們不會缺乏必須的營養素，我寧願不要冒這個風險，一如既往地持續下去。事實上，傳統飲食習慣沒有包含動物產品，主食通常由植物性蛋白質所組成，大多數時候，穀物—豆類的組合，可以彼此補足對方缺乏的一種或多種氨基酸。這種組合可能因地理區域改而變，比方地中海地區是杜蘭小麥—鷹嘴豆、北歐是燕麥—豌豆、中美洲是玉米—紅豆，而印度則是米—小扁豆，這些組合在現代飲食中都不怎麼重要。然而，在現代的飲食架構中，動物性蛋白質過剩（這是人類史上的新鮮事），當今的世界，捨棄以穀物—豆類為主食的傳統，也不會讓我們陷入缺乏氨基酸的風險。不過近幾年西方國家鼓勵減少肉類攝取已成趨勢，甚至是全素；可想而知，未來幾年，穀物—豆類為主食的飲食方式將強勢回歸。

訴諸新潮

訴諸傳統有一個與之相反、同為謬誤的存在：訴諸新潮（拉丁文：

argumentum ad novitatem），即舉凡一個概念或是做法是創新的，就保證了它的有效、合理性。這裡的論證過程是：X＝b是個前所未見的概念，因此X＝b為真。現代社會中，大多數人都追求最尖端的科技，訴諸新潮於是被廣泛地被使用，那些宣傳新型智慧手機優點的廣告就是最佳證明，即便新版本的改革微乎其微。有時，新發布的產品除了外型和包裝外，與前一款幾乎無異。

真正的進步與訴諸新潮

如同我們不應該混淆訴諸傳統和傳統本身一樣，也不應該將訴諸新潮與進步混為一談：我們反對的是那些僅僅因為「這是新的」，就把事情合理化的人。如果有一項創新，與先前相較下，真的帶來價值的增加，那就必須強調這些增加的價值。

於是，我們經常在食品標籤上看到「新配方！」、「全新：更美味！」或「改良配方」。但是，根據德國消費者協會在數年間、甚至長達十年，持續追蹤十七項產品後的發現，似乎大部分的情況下，隱藏在這些文宣背後的事實，都是產品中的高價材料含量減少。新的果醬配方通常比之前的產品含糖量更高、含果量更少。因此，那些聲明似乎只是煙霧彈，旨在以同樣的價格出售品質較差的產品，有些製造商甚至大張旗鼓地提高價格，同時宣稱「更美味！」事實上，只是在預示品質的下降。廣告中有許多訴諸新潮的例子，這裡有幾個版本：「要減肥，最新的飲食法就是最好的飲食法」、「自一月一日起全新開張！」（通常張貼在餐廳或其他營業場所的入口處。）

在政治層面，也可以觀察到類似的現象。舉例來說，新上任的教育部長幾乎總會試圖改革教育體系，並傳達出這樣一個概念，即他的改革必然具有創新性，將有助於建立一套更有效率的系統。事實上，因為原本的系統被打亂，最終很有可能讓局勢更惡化。

第三章 水是故鄉甜

當地的一定好，這是一種詭辯，即透過地理上的關係來證明並合理化產品價值。在對抗全球暖化以及對於未來的日益恐懼背景下，這種詭辯特別難以反駁。對方的論述通常會是如此：「你無可否認消費當地的產品，可以減少商品的運輸需求，進而降低二氧化碳的排放！」購買當地產品可降低二氧化碳的排放是合理的論述，卻非「當地的一定好」的理由，這就是詭辯。

當地的一定好，實際上應該要證明在當地購買的商品本身比較好；並非因為它減少了二氧化碳的排放量。身為比利時人，有件事情我再清楚不過了：如果比利時當地的巧克力很棒，那麼法國、德國、英國或瑞士出產的巧克力，豈不同樣不相上下。為了避免「當地產品」這種詭辯，應該要找到更恰當的理由將當地產品捧上神壇，比方說，可以進行盲測，比較當地與來自世界各地的草莓，品嚐其口味上的差異。如果當地草莓脫穎而出，就可以理直氣壯宣稱當地草莓高人一等，且不是因為它產於當地，而是大家都喜歡它的味道。

外國的月亮比較圓

「當地的一定好」有個反論證：外國的月亮比較圓。如同當我們與某件事物相距甚遠，便無法對其品質或真實性有一個可靠的評判標準，同理，事物的地理距離或文化差異亦然，所有的文化都可能存在錯誤：馬雅人舉辦活人獻祭；印度社會劃分嚴格的種姓制度，導致眾人撻伐；男性優越主義在很多文化中根深蒂固，凡此種種。應該要做的，是客觀地分析每種文化或文明，以汲取最成功的經驗，拒絕最慘烈的失敗。

然而，這並無法阻止「外國的月亮比較圓」這個說法到處橫行。替代醫學從業者經常將此概念與訴諸傳統相結合。針灸有時候就是如此，它會被描述為「源自傳統中醫的療法（外國的月亮比較圓），已傳承了數千年（訴諸傳統）。」

最令人嘆為觀止的，是那些一會兒以「水是故香甜」合理化某事物、轉身又在其他事物上以「外國的月亮比較圓」來辯解的人；兩者之間的選擇完全出於其主觀判斷，儘管他們可能不自覺。

於是就會發生這種狀況：「明明有國片可以看，為什麼要去看美國電影？」（水是故鄉甜），片刻後：「試試看這種藥！它源自東方醫學！」（外國的月亮比較圓），為了證明這些說詞有多空洞，我們來看看顛倒過來的版本：「這部片可不是隨便什麼鳥不生蛋的地方拍出來的，這可是美國電影呢！」（外國的月亮比較圓），以及「這可是我們國家自己的藥，是知名實驗室研發的，你盡可放心食用。」（水是故鄉甜）。

第四章 人氣即真理

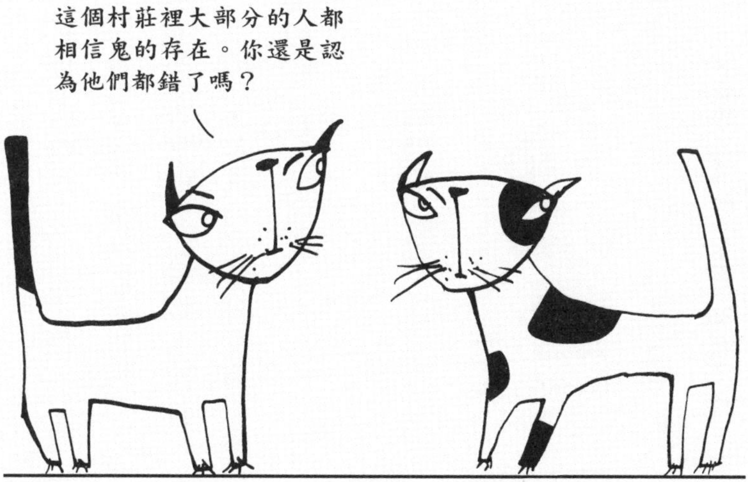
這個村莊裡大部分的人都相信鬼的存在。你還是認為他們都錯了嗎？

跟稻草人詭辯一樣悠久，訴諸人氣詭辯法因為簡單而廣受引用；它的概念是當某個意見、論點或宗教有很多人支持時，理所當然就是對的。

根據蓋洛普的調查數據，二〇一七年，美國有三〇%的成年人持有槍枝，即大約八千萬美國人。這數字太驚人，因此，美國的許多支持槍枝合法的民眾經常發表以下宣導言論：「你知道嗎？八千萬美國人都有槍，這肯定是正確的選擇！」

在法國，停止償付順勢療法生效之前，許多順勢療法者引用了大量的詭辯為他們的療法辯護，並試圖阻擋停止償付。monhomeomonchoix.fr[1]網站（停止償付順勢療法？我們不同意！）提出了下列論點：

1.「因為順勢療法代代相傳，向來都很安全」：此論點乃訴諸傳統。
2.「因為有四分之三的法國人都已經在使用順勢療法了」：人氣詭辯。

3.「因為以順勢療法輔助，可以給予重症治療者較好的療效。二〇％的癌症患者都會採用順勢療法來減輕化療副作用」第一句話是可以接受的，但需要進一步陳述證據；第二句話可以視為補充說明或人氣詭辯。

4.「因為有超過一百三十萬人簽署支持繼續給付順勢療法」：明顯在訴諸人氣。

5.「因為經由專業醫療人員開設處方與諮詢後，每個人都有選擇安全藥物的自由。此一選擇的自由在《歐洲患者權利促進宣言》中有載明」：稻草人詭辯法！主張停止償付者，並未提出全面禁止順勢療法。即便停止償付順勢療法，病患仍然有權接受此療法，只是得多

1. 譯者註：網誌譯為中文如下：我的順勢療法，我的選擇。

花一點費用，或是迫使布瓦宏實驗室降低利潤，以便維持價格或只是小幅度調漲。

訴諸人氣也是一種基本的行銷技巧，例如，要提高一本書的銷量，沒有什麼比在書封載明銷售數字來得讓人印象深刻了。例如，費德利克・薩德曼醫生所著的《你就是最好的特效藥》，[2]書封上便昭告此書已銷售超過三百萬冊。

基於同樣的手法，當一部電影新上檔時，為了讓你也走進戲院去觀賞這部片，通常會強調票房，而非電影品質。各種訴諸人氣的做法中，較不具說服力的形式會是這樣：「我跟親友們談到我們之間的衝突，他們都站在我這邊：錯在你，不在我。」或者：「我在推特上做了民調，大多數人都認為你的基本假設是錯的。我的結論是，你應該重新審視一遍你的結果。」

此路不通

為什麼訴諸人氣無法成為有力的論述？在第一個例子中，美國持槍人口統計數據表明，七〇%的美國人並未持有槍枝。「八千萬美國人都有槍，這肯定是正確選擇！」意味著有超過一億個美國人都錯了！如果人多的那邊就是對的，那麼到超過一億個美國人那方尋求真相不是更有邏輯嗎？

即使是用更嚴謹的數字訴諸人氣，以便在不知如何選擇時，站到多數人那邊，風險還是存在，因為大多數人很可能都是錯的。如果有四分之三的法國人說地球是平的，地球也不會真的變成平的。根據大部分人的意見

---

2. 譯者註：原書名 *Le meilleur médicament, c'est vous !*，目前無中譯版。

來衡量事情的正確性是很危險的，且常會被帶進死胡同裡。要小心提防那些廣受歡迎的民間智慧，也不要堅信站在多數人那邊可以帶你走向正確的道路。當然，這並不代表多數人那方絕對都是錯的，如此相信的話也是一種謬誤。

第五章 天然的最好

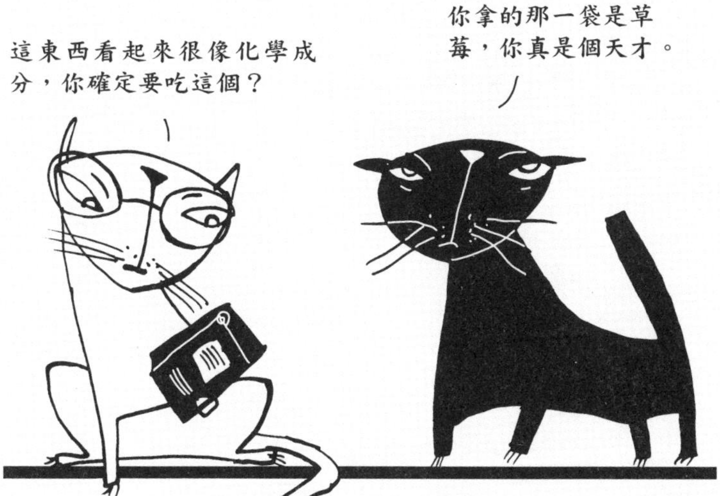
這東西看起來很像化學成分，你確定要吃這個？
你拿的那一袋是草莓，你真是個天才。

二〇一六年，部落客凡妮．哈里向我們揭示了如何辨別食品中所含物質的安全性：「如果該物質的名稱是小朋友讀不出來的，那麼最好謝絕那樣東西。」

當前所有的詭辯中，最根深蒂固的莫過於「天然的最好」，這個主題可能就足以寫成一本書。日常生活中，我們幾乎天天都在面對這個概念，透過貼有「天然」標籤的商品廣告；又或是哪位親近的善心人，向你推薦某種天然的藥品來保養身體。「天然的最好」指因為某東西是天然而支持它，較極端者甚至會把非天然，即化學和人造食品貶得一文不值。這種詭辯的邏輯是：「只要是天然的就是好，舉凡是化學的就是不好。」舉例來說，當標籤上出現天竺葵素-3-氧化葡萄糖苷時，就會讓天然製品擁護者皺起眉頭。如果我們換個方式描述這項物質：「天然紅色素，在草莓與許多水果中常見」，就能輕鬆過關。這顯示了那些批評者看事情有多表面、多膚

還是說我們從現在開始嘗試用一〇〇%純天然的方式把孩子們養大呢？
好啊！向祖先們致敬，他們沒有疫苗、化學產品和其他髒東西，也還是好好地生存下來了。

淺，如同凡妮・哈里，用過於簡單的方法去決定是否要對某種食物敬謝不敏。

至少在比利時，很多人對於自然及天然事物抱有浪漫的看法。有什麼比市中心、工業區、或高速公路與其造成的污染更可怕、更讓人倍感壓力呢？許多人懷念那個不太久遠，人類與自然和諧共處的美好過往；簡單來說，就是大多數家庭自己耕種土地，自給自足。事實是，與大部分人所相信的相反；在過去，人類並未與自然達成平衡關係：在大自然的自然法則下死去。工業革命之前，有半數的孩童活不過十五歲，當然，要回頭估算那年代十五歲以下孩童的死亡率有其困難度，但似乎所有嘗試得出的結果都趨近五〇％左右，無論研究的是哪個時代和哪個文化。[1]相較之下，現在全球十五歲以下孩童的死亡率約為五％，在許多國家，這個數值更已降至一％以下，二〇一七年，冰島的十五歲以下孩童死亡率更只有〇．二九％，而且以中短期來看，還會持續改善。

該感謝誰？

此一驚人的變化和隨之而來的預期壽命爆炸性延長，該歸功於誰？是我們自己、是工業化、是化學、是科學，這些今天讓我們懼怕的東西。污染是個真實存在的問題，我們的化妝品、食品、娛樂性產品和生活的都市

一陣子之後

所以說，你真的有必要連套子都不戴嗎？

並非只有好的一面，也會讓人有壓力，大自然同樣也是一體兩面。（這並非一個讓我們可以不去改善飲食品質或讓市中心沒那麼有壓力感的藉口。）人類是大自然的產物，但大自然不是設計來讓人類過得舒適、幸福或確保人類生存的環境。大自然既不好也不壞，它不思考也不評判。許多天然產物（植物、水果、蕈類）

1. 作者註：資料來源：ourworldindata.org。

都含有毒性，有些還會致癌。一件物品天然與否並不代表它的安全性與優越性，很多人始終無法理解這點，造成了重大問題。

以有機農業為例，其既定目標是要提高食品質量，同時減輕對環境的壓力。不幸的是，此目標仍是未竟之業，有機農業是目前所知最大的一種「訴諸自然」意識形態之一。相信此詭辯的消費者和農業從業人員會告訴你：化學合成的農藥不好，因為它是化學的、人造的，就是這樣。反之，沒有什麼比天然的農藥更好，因為他是純天然的，就是如此。[2]

以下文字摘自 sciencepop.fr 網站，一個具批判思維的新聞網站：「有機農業所使用的物質（用以替代合成農藥）並非全然無害，且含有活性藥物成分（這是我們使用它的原因）。有個眾所周知的例子就是魚藤酮，這是一種從熱帶植物中萃取而出的殺蟲劑，於二〇一一年歐盟禁止使用之前，被廣泛用於法國的有機農業。然而，根據幾項研究結果指出，魚藤酮會增加老鼠和人類罹患帕金森氏症的風險，歐盟因此決定禁用。另一個例子是波爾多液，[3]這是硫酸銅以及熟石灰的混合物，可導致銅積累在土壤中，對生物圈造成毒害。」

有機農藥不僅對農民健康以及環境具潛在危險，有時候效果甚至不如受益於農藝學和化學工程的進步所製造出的化學農藥；諷刺的是，為了保護農作以獲得相當收成，有些有機農藥竟比傳統農藥更具危害性，正如siencepop.fr網站所指出的那樣。此外，有機農作的產出平均比傳統農作少了二〇%，這種情況下，必須增加耕地面積來補足，同時也增加了人類施予環境的壓力，與有機農業的目標背道而馳。

2. 作者註：你認為有機農業就是零農藥的意思嗎？才不是呢！儘管如此，並不代表某些業者做不到完全零農藥。

3. 譯者註：農藥的一種，用來殺真菌，使用於波爾多區的葡萄園，故得名。

當然，有機農業並非毫無可取，其目標仍然值得稱揚。然而，只要基於化學農藥是人造的就認定它有害這種意識形態上的獵殺持續存在，這件事就不可能會有一個圓滿的結局。有機農業應該根據客觀藥效以及安全準則，採用最有益於環境的農藥，並積極參與化學工程，以便根據這些標準研發出更新、更好的農藥，而不是盲目地將那些被判定為「非天然」的農藥拒之門外。

大自然無所謂道德不道德

天然的最好，也意味透過援引事物的自然法則為其道德立場辯護。例如，若有人說：「我反對同性戀，這有違自然！」或者：「是的，那隻被獅子生吞活剝的羚羊很痛苦，但這就是自然法則，沒有任何理由去改變這一點。」讓人驚訝的是，人們會援引自然法則合理化某些事的道德立場，但當會造成個人衝擊時，又總是視若無睹。例如，看到生態掠食畫面時會援引自然法則，卻不會因為穿鞋、使用動力交通工具、中央暖氣、冰箱或阿斯匹靈這些非天然之物而不安。

用「訴諸自然」來反對同性戀更是令人震驚，因為同性傾向在自然界中比比皆是，完全自然。加拿大生物學家布魯斯．貝哲米研究了一千五百種物種的性關係，其中三分之一的物種有同性性行為，甚至也有同性共同養育後代的案例，在澳大利亞黑天鵝中就很常見。要記住，當以訴諸自然為前提反對同性戀時，支持同性戀者也可以訴諸自然來反駁。事實上，無論同性戀自不自然，我們都不在乎：它在關於這個主題的討論上並無實質論述。

硬將道德價值觀與自然法則放在同一個天秤上，這種做法很荒謬，因為大自然既不遵守也不違反道德：大自然無所謂道德不道德。獅子生吞羚羊時，對羚羊並不懷好惡，純粹為了生存，如同我們面對盤子裡的肉一樣；跟獅子不同的是，我們不能期待獅子突然之間發展出道德意識，轉而尋求較仁慈的獵殺方法來獵食。異於獅子，我們有能力這麼做，也不應以獅子為藉口逃避這麼做。以訴諸自然來辯論善惡，最終只是無解，我們必須尋找其他標準來評估彼此概念的價值在哪兒。

第六章 倖存者偏差

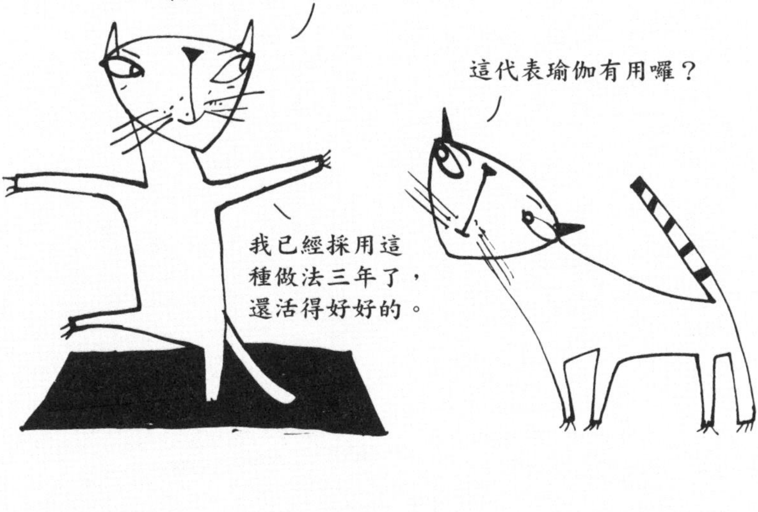
我暫停了所有的
癌症治療，只做
瑜伽。
我已經採用這
種做法三年了，
還活得好好的。
這代表瑜伽有用囉？

書店裡琳瑯滿目都是關於個人成長與健康指南的書籍，主題包含「百萬富翁的十大習慣」、「超強記憶力的七個祕密」或「百歲人瑞一生的食物清單」，此類書籍往往有個嚴重缺失：列出了那些很有錢、記憶力很好、長壽者的特質，卻沒有任何資訊證明那些窮困、記憶力差或四十歲便辭世者不具備這些特質！

那些提出自己的方法來拯救他人的人，經常在無意識的情況下利用倖存者偏差（另一些人則完全清楚自己在做什麼，有意識地操縱人們）。

有些大師並非真正的大師

現在，讓我們化身健康大師。你「發明」了一套禁食和拒絕常規治療的癌症療法。如果你在社群媒體上大肆宣傳這套療法，被病患揭露此法無效並譴責的風險很低，因為罹癌病患若非因實行這套療法後康復，在社群上留下致謝證言，就是病逝，既無法抱怨也沒法警告世人你在胡說八道。想像一下，大約有一萬名病患在社群媒體上看到了你承諾治癒癌症的宣傳，並決定相信你，但這套療法沒什麼效果，九千九百人往生了，只有一百位戰勝了癌症，而你會獲得的回應也就是這百位倖存者的正面證言、感謝，以及鼓勵進一步推廣這套方法，好拯救更多的人。

當你用以展示這套療法的影片觀看次數達到上千、甚至上萬，但收到的正面證言只有寥寥數十則，數據上的巨大差距是否讓你心驚？與其冒險承認造成如此差距的源頭是一場大屠殺，且你需要為許多本可透過常規療法獲救的病患的死亡負責，你或許會這樣為自己開脫：

1. 許多病患在觀看你這套療法後，都不敢嘗試直接略過。
2. 雖然你以病患為受眾宣傳這套療法，但許多健康的人也看了影片和訊息。

3. 在那些嘗試你的療法的人當中，有許多內向的人怯於留訊感謝你救了他們。

雖然我幽默地看待網路上一些健康大師的倖存者偏差傾向，也請勿對最終結果視而不見：每年都會有數以千計的不幸者被這些大師推向死亡，這是非常嚴重的。如果你也在尋求類似的醫療幫助，要小心：倖存者偏差正準備對你伺機而動。

讓我們假設一個虛構情境：巴黎市中心某位獸醫正在治療被帶到他診間的受傷動物。如果是一隻從高處摔落受傷的貓，他會要求主人評估墜落的高度，並詳細記錄。幾年後，他發現雖然巴黎市中心的大多建物都是六七樓高，而主要出現在診間的則是從二三樓摔落的貓，從更高樓層摔落的，則少之又少。於是，他得出結論，如果墜落時間夠長，貓較有機會爭取到時間取得肢體上的平衡和角度落下，避免受傷；從他的貓病患身上可得到驗證，最危險的樓層是二三樓。這名獸醫也許是對的。但是，有另一種可能性存在。從愈高處墜落的貓，愈可能致命，自然也無須送醫了。因此，從高樓層墜落的貓很少出現在這份統計裡。這就是倖存者偏差：只有從低樓層墜落的貓才需要獸醫救治。

對於分析從飛行任務順利返航的軍事工程師來說，也存在相同狀況。工程師指出，這些返航的飛機機翼末端都有損傷，於是他提出建議，針對這部分加裝防護。這是大錯特錯！返航的飛機反而證明了那些部位即便損傷，也不會導致飛機墜毀，而其他部位受損時，飛機就無法從任務中順利返航了。所以，更應該加裝防護的是機翼末端以外的其他部位！但若是如下的情況：出發執行任務的飛機一〇〇％（無任何死亡）返回基地，那麼首先要加強防護的當然就是機翼末端。

想要擁有成功的人生？幸福的愛情？致富？不要只聽從那些富有又快樂的人指引的途徑。他們已經站在了那個位置：不代表他們的方法一定有效。永遠別忘記關注那些未成功的人，不要低估運氣在他人的成功裡所占有的分量。

第七章 因果錯覺[1]

大氣中的CO^2含量前所未有的高啊。
就是空氣中的CO^2害我們變胖！我裝了一部可以把家中空氣的碳濾掉的機器，但很奇怪，沒什麼用。
超重人口的比例顯然也沒什麼改變。

因果錯覺是最有趣的詭辯之一，因為它有時會導致一些超現實的結論。它的概念是，如果A和B相關，那麼A必然是造成B的原因。從統計學的角度來看，如果兩個變數是獨立的，則意味任一變數都處於與另一變數無關的狀態。以一紅一藍的骰子為例，無論紅色骰子擲出來的結果是什麼，都不會影響到藍色骰子的結果，反之亦然。若用紅色骰子擲出六點，接著投擲藍色骰子，那麼擲出一、二、三、四、五、六的機率同樣都是六分之一，無關乎紅色骰子先前的結果。在數學意義上，與獨立性相反的就是依存性。就像整齊的房間只有一種，但房間凌亂的樣貌卻有無限多種；即彼此獨立的自變數存在的形式只有一種可能性，但相互依存的變數間的相關形式卻有無限多種。為了方便思考，我們會予以簡化，只專注於一種特殊的依存關係：當兩個變數傾向於同時出現高數值或同時出現低數值。以上述兩個骰子為例，即當我們投擲這兩顆骰子時，通常會得到一對相近的結果，比方說三和二，四和六；我們會說這兩個骰子之間存在正相關或「兩個變數是正相關的」。但是當A產生高數值的同時，B出現低數值；而當A的數值低的時候，B則出現高數值，我們就說A和B是負相關。然而，在日常中，我們鮮少試圖去區分正相關和負相關：我們只會專注在兩個變數之間的連結或相關性。要注意的是，當我們說A跟B有關係或相關時，跟我們說B和A有關係或相關，兩者並無不同（相關性的點對稱），如果A與B互為獨立，它們的相關性必然為零（相關性不存在）。

現實世界裡簡單的正相關例子如下：取幾個人為樣本，請他們提供體重（變數A）和身高（變數B），你很快就會發現，身高較高者體重通常較重，身高較矮者體重通常較輕。

1. 譯者註：法文稱其為「鸛鳥效應」（l'effet cigogne），指的是鸛鳥的鳥巢數量與誕生的人類數量之間並無因果相關性。

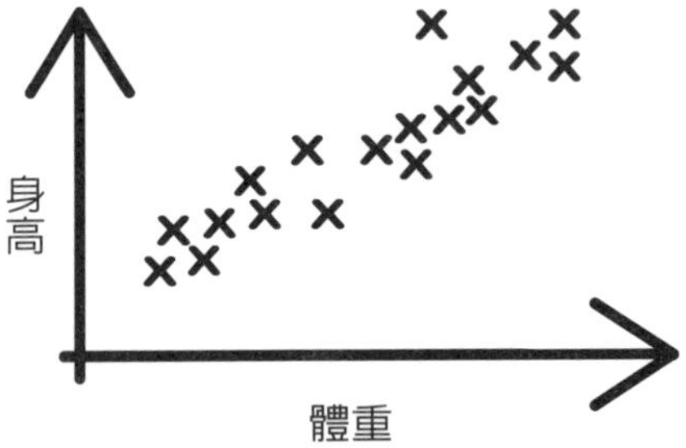

這種相關性當然不甚妥切：也有人個頭小但很胖，也有又高又瘦的人，但是整體趨勢很明顯：體重愈重，個子高的機會就愈大，反之亦然。從科學的角度來看，一旦確定變數A和B是相關的，下一步就是對其做出解釋，到底為什麼需要觀察其中兩個變數的相關性？因為我們太常直接跳到結論，即如果A跟B在某個範圍內看起來具有相關性，一定是A導致了B，這就是因果錯覺詭辯。但是實際上，有很多其他解釋可以說明我們所觀察到的相關性。

可能是B導致A

舉例來說，火災現場消防員人數（變數A）與火災強度（變數B）密切相關。在這個案例中，如果說A導致B，等於是說那些消防員在現場縱火，有點像《華氏451度》[2]裡的駭人內容，消防員愈多，火勢就愈猛。這當然是很愚蠢的想法，事實上，是B導致了A的發生：火勢愈烈，消防員人數就愈多。

觀察到的關聯性可能只是隨機結果

如果透過電腦模擬擲一千顆完全獨立的骰子八次，會驚訝地發現，有幾顆骰子間看起來有強烈的相關性，例如下頁表格的這兩顆骰子。

2. 譯者註：美國著名反烏托邦小說，書中的世界，消防員的工作不是救火，而是點火焚書。

	第 214 號骰子	第 847 號骰子
第 1 次投擲	2	2
第 2 次投擲	1	1
第 3 次投擲	6	6
第 4 次投擲	4	4
第 5 次投擲	3	3
第 6 次投擲	1	1
第 7 次投擲	4	5
第 8 次投擲	4	4

若非第七次投擲有些微的差異，在這兩顆骰子間觀察到的是幾乎完美、一〇〇%的正相關（相關性總是介於正一〇〇%到負一〇〇%之間）。

這種相關性是統計上必然的結果。如果取大量實際上互不相關的變數來觀察，仍常會發現其中兩個，至少在某段時間點似乎是相關的。沒錯，但這種相關性僅是一時之間：如果重新模擬第二一四號骰子和第八四七號骰子的投擲（如下頁），很快就可以看出兩顆骰子間實際上並沒

	第 214 號骰子	第 847 號骰子
第 1 次投擲	2	2
第 2 次投擲	1	1
第 3 次投擲	6	6
第 4 次投擲	4	4
第 5 次投擲	3	3
第 6 次投擲	1	1
第 7 次投擲	4	5
第 8 次投擲	4	4
第 9 次投擲	1	4
第 10 次投擲	4	6
第 11 次投擲	3	6
第 12 次投擲	4	2
第 13 次投擲	5	1
第 14 次投擲	3	5

有關聯性。

可疑的相關性

英文網站《偽相關》[3]在現實世界中找到一些有趣的變數，這些變數在某瞬間看似相關，但試圖解釋A導致B或B造成A的因果關係時，都會引發哄堂大笑。

比方該網站指出，自一九九九年到二〇〇九年這段期間，有尼可拉斯・凱吉現身的電影數量（變數A）跟美國境內的泳池溺水人數（變數B）呈正相關。另一個例子是：緬因州的離婚率會隨著當地人均人造奶油的消費量下降。

發現兩個變數間的相關性時，通常會被認為足以作為科學研究發表的主題，因此許多研究人員會針對資料庫中的數千個變數做檢驗，以觀察變數之間的關聯性，並為意外的發現而雀躍，卻未意識到他們的「發現」其實不是真的。研究人員平時玩這種遊戲無傷大雅，但在試圖解釋科學論文中提及的某項相關性時，則必須非常謹慎。

干擾變因（或稱共變因）是造成這些關聯性的源頭

假設用一台電腦模擬兩個完全相關的骰子的投擲結果。在第一次投擲時，兩個骰子都出現了四點，第二次投擲時，兩個骰子都出現三點，以此類推。

在向他人出示這些數據時，忘記提及這是為確保始終完美的相關性，以電腦程式模擬生成的結果，對方可能會認為是第一顆骰子致使第二顆複

3. 作者註：Spurious Correlations: https://www.tylervigen.com/spurious-correlations

製其結果（A導致B）。事實上，決定一切的是「遊戲的主人」：電腦。電腦每次都會在一到六之間，隨機替兩顆骰子選取一個數。我們稱電腦為干擾變因（C），其實是C同時影響了A和B，並導致A和B看似存在相關性。

諾貝爾獎與巧克力

二〇一二年，一群研究人員在《新英格蘭醫學雜誌》中發現了驚人的相關性；在許多國家，該國人均巧克力消費量（A）和人均諾貝爾獎得主數（B）這兩個變數中，存在七九・一%的正相關性，相當接近最大值一〇〇%。

這是否意味著食用巧克力會變聰明，提高贏得諾貝爾獎的機會？或許吧。總之，當時的新聞媒體絲毫不懷疑，這個訊息傳遍了全世界：科學證實，吃巧克力讓人變聰明！但當時仍有許多人發出異議，包括皮耶．莫哈吉、雅歷山大．西林以及雅歷山大．西林所組成的研究小組，他們同時提出了一個論點，即在這個例子中，很明確存在一個干擾變因：這些國家的發展程度或財富等級。

一個國家愈發達，愈傾向擁有高品質的教育體系，並投資在研究上，因此有能力為該國孩童和研究人員提供充滿養分的成長環境，促使他們有機會贏得諾貝爾獎，對於那些出生在缺乏完善教育體系的國家、或必須在街頭求生存的孩子來說，拿到諾貝爾獎無疑是難上加難。這些國家每年可能會因此埋沒數量驚人的人才。

同時，已開發國家中的國民通常才有能力負擔巧克力、酒精和非日常必需的奢侈品。

諾貝爾獎與其他因素

這三位研究人員也順帶提出了另一組相關性更強的變因組合。你知道一個國家人均ＩＫＥＡ門市數量（Ａ）跟人均諾貝爾獎得主數（Ｂ）之間，存在很強的正相關嗎？其相關性高達八二％！

這是否表示ＩＫＥＡ門市是研究的催化劑？也許吧。但這組相關性同樣也說明了巧克力與諾貝爾獎之間類似的干擾變因。一個國家的發展程度愈高，就會有愈多的ＩＫＥＡ門市，而愈發達的國家對於研究和教育的投資也愈多，為有能力獲得諾貝爾獎的人打造了優越的環境。

在這些例子中，干擾變因相對容易辨識，但情況並非總是如此，特別是在健康領域，我們往往如履薄冰。舉例來說，二〇一七年的一項研究發現，低糖飲料（如可口可樂 Light）的攝取量與中風風險有相關性。這是否代表甜味劑對健康有害？也許吧，但也可能是干擾變因的影響，並非甜味劑造成。例如低糖飲料的消費者大部分可能生活在都市區，長時間暴露在污染環境之中，它才是導致中風的真正原因。

平均而言，素食者的ＢＭＩ（身體質量指數）通常低於非素食者，雖然乍看之下可能不太明顯，但這就是一種相關性。變數Ａ為是否吃素，變數Ｂ是ＢＭＩ；當Ａ是「素食者」時，Ｂ的數值往往比較低，當Ａ是「非素食者」時，Ｂ的數值常常比較高。這兩個變數顯然不是獨立的。但是否就該因此把盤中的肉類換成乳酪或是植物性蛋白質，幫助降低ＢＭＩ指數？也許吧，但另一種可能原因是：有些人傾向於花較多時間注意飲食、做運動，減少肉食並成為素食主義者，避免搭飛機旅行、食用當地的有機產品等；有的人則是大量抽菸、飲酒、攝取肉類，到哪裡都以車代步。結果：前者通常比後者更健康。這個案例中的干擾變因就是人的個性：一個人的個性會導致選擇素食和較低的ＢＭＩ，或是以肉類為主的飲食導向和較高的ＢＭＩ。

為什麼要用「因果錯覺」（鸛鳥效應）來指稱這種謬誤呢？這出自一個著名的錯誤相關案例。在都市和鄉村之間，鸛鳥們做出了選擇：牠們比較喜歡鄉村。與此同時，鄉村地區的人口出生率普遍高於都市。完美的相關：鸛鳥愈多，人類出生率愈高。這不就是鸛鳥送子的證據嗎？

在讀完這些之後，面對某Ａ與某Ｂ之間的相關性時，你可能傾向於採取與因果錯覺相反的做法：抗拒Ａ導致Ｂ的想法。千萬不要如此武斷，這樣做同樣很蠢。一般而言，相關性通常仍然是Ａ導致Ｂ的線索。當面對相關性時，我會建議你這麼想：「這確實顯示Ａ可能導致了Ｂ的發生，但值得好好去深究，因為兩個變數之間的相關性，並不百分之百意味前者是後者的成因。」

結論

社群媒體上有成千的交流討論，還有許多發生在各個社會階層、不同政治立場以及各行各業人士的面對面辯論，本書已介紹了那些以辱罵、人身攻擊、形式攻擊為核心的討論，即落在「格雷厄姆之靶」外圍的那些；我們也有反對但沒有任何論證的案例；但真正能成功說服的是至少針對一個論證或核心論點提出反駁的討論。

在這些例子中，我們也分析了詭辯：人多的那邊就是對的、外國的月亮比較圓、天然的最好。對於具批判思考的讀者而言：詭辯的存在比這本書中所呈現的更為普遍。除去這些，剩下的就是真正有意義的意見交流了，即那些深入鑽研議題、能讓我們有機會接近真相[1]的。可惜的是，這

1. 作者註：即便是在沒有詭辯的情況下，還是有其他錯誤可能讓我們得出錯誤的結論，比方說資料的來源後來被發現是錯誤的。

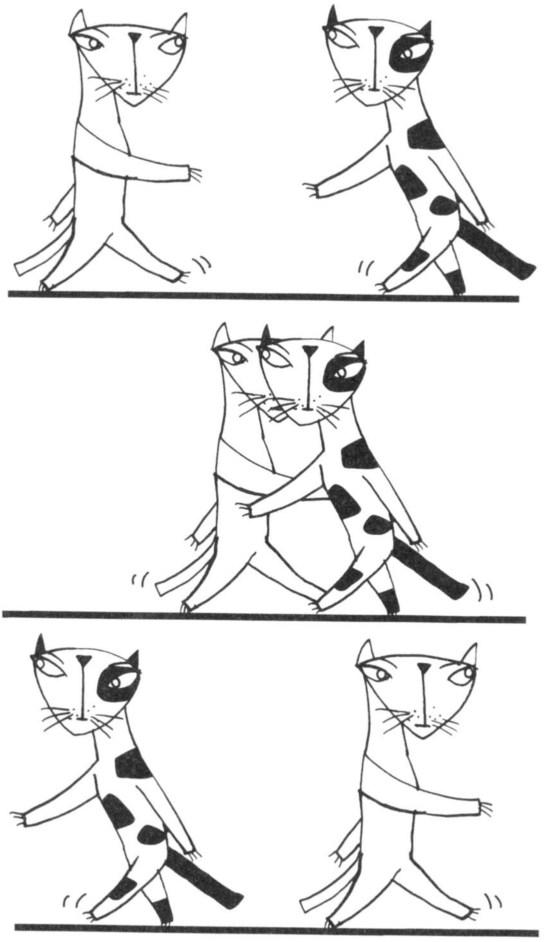

樣的例子只占我們樣本中的一小部分。顯然，有太多爭論都是白費工夫地在原地打轉。唯一能破牆而出的工具就是：批判性思維。

批判思想家的孤獨

對於一個尋求真相的批判思想家來說，周遭大多數的空洞討論顯然就是一場災難。在我看來，最好的方法還是訓練自己和身邊的人具備進行批判思考的能力。請把這本書分享給你的父母、伴侶和最好的朋友。如果你是老師，那麼根據「格雷厄姆之靶」去進行角色扮演，邀請你的學生使用相同的詭辯來為某個論點及其對立面辯護。當你在討論或交流中，遇到一個精彩到會讓你改變立場的論點時，要好好記下它。最重要的是，好好享受這一切。尋求共識的道路上滿是陷阱，但這不代表在這條路上不會有開懷和美好的時刻。

big 0379

優雅反駁的技術：
善用溝通標靶，練就批判思考，讓對方服氣又不傷和氣

作　　者—納森・宇天達爾（Nathan Uyttendaele）
譯　　者—陳映竹
主　　編—陳家仁
企　　劃—藍秋惠
協力編輯—巫立文
封面設計—木木林
版面設計—賴麗月
內頁排版—林鳳鳳

總 編 輯—胡金倫
董 事 長—趙政岷
出 版 者—時報文化出版企業股份有限公司
108019 台北市和平西路三段 240 號 4 樓
發行專線—（02）2306-6842
讀者服務專線—0800-231-705、（02）2304-7103
讀者服務傳真—（02）2302-7844
郵撥—19344724 時報文化出版公司
信箱—10899 臺北華江橋郵局第 99 信箱
時報悅讀網—http://www.readingtimes.com.tw
法律顧問—理律法律事務所 陳長文律師、李念祖律師
印　　刷—勁達印刷有限公司
初版一刷—2022 年 3 月 11 日
初版六刷—2024 年 1 月 22 日
定　　價—新台幣 340 元
（缺頁或破損的書，請寄回更換）

時報文化出版公司成立於一九七五年，並於一九九九年股票上櫃公開發行，於二〇〇八年脫離中時集團非屬旺中，以「尊重智慧與創意的文化事業」為信念。

ISBN 978-957-13-9954-6
Printed in Taiwan

優雅反駁的技術：善用溝通標靶,練就批判思考,讓對方服氣又不傷和氣/納森.宇天達爾(Nathan Uyttendaele)著；陳映竹譯. -- 初版. -- 臺北市：時報文化出版企業股份有限公司, 2022.03
192面；14.8x21公分. -- (big；379)
譯自：L'art d'exprimer son désaccord sans se fâcher.
ISBN 978-957-13-9954-6(平裝)
1.CST: 說話藝術 2.CST: 溝通技巧 3.CST: 說服
192.32　　111000356